HAPPY POWER SPOT

「おうちパワースポット」のつくり方

自宅を〝開運する家〟にする

幸せ風水術

小林祥晃

はじめに

風水でおうちを
パワースポットにすれば
毎日の暮らしの中で
家族みんなが開運できます

　幅広い世代から人気を集めているパワースポットめぐり。レジャースタイルとしてすっかり定着しましたね。実際に神社や史跡などのパワースポットを訪れて「リフレッシュできた！」「願いごとがかなった！」というかたも多いことでしょう。

　ただ、パワースポットめぐりにはどうしてもお金と時間が必要。遠い場所まで出かけるとなると準備も大変です。「もっと頻繁に行きたいけれど、気軽にはなかなか……」というのが本音ではないでしょうか。

　そんなかたにおすすめしたいのが、「自宅をパワースポットにしてしまう」というアイディアです。そんなことができるの？と思うかもしれませんが、じつはそれに役立つのが、みなさんにとっておなじみの風水なのです。

　風水はもともと「環境開運学」。環境からパワーをもらって開運するための学問です。つまり考え方はパワースポットと同じ。大きく違うのは、住まいという環境を自分の力で整えて、そこからパワーをもらうという方法にあります。

また、パワースポットめぐりをして持ち帰ったよい気を、いったん保管するのは住まい。そのためには住まいにパワーがないといけませんし、住まいそのものがあなたにとってのパワースポットであるべきなのです。

　今住んでいる家がパワースポットになれば、遠くまで出かけなくても、普段の生活をしながら開運できます。またパワースポットと違って、現地に行った人だけでなく、その家で暮らしている家族全員が開運できるのもポイントです。

　そのテクニックをお教えするのが、この本の目的です。一戸建てでもマンション・アパートでも、持ち家でも賃貸でも、どんな住まいでもOK。あなたの家の間取りや、かなえたい願いごとによって、おすすめの風水パワーアップ術をわかりやすくご紹介していきます。

　方法もインテリアから掃除・収納、料理、ファッションまでさまざま。「冷蔵庫のドアに貼ってあるメモをはがす」などというパワーアップ術もあるのです。これなら今すぐにでも実行できそうですね。

　ぜひインテリアや暮らしに風水をとり入れて、あなたの家をパワースポットに変えてください。そして風水を楽しみながら、ご家族みんなでラッキーパワーを吸収してください。

Dr. コパ

CONTENTS

PART 1

おうちパワースポットで「開運」ができる理由。

PART 2

「自宅のパワー」は方角によって支配している運気パワーが違う。

PART
3

願いをかなえるための
「開運行動」。

PART 4

幸運を呼び込む「開運収納」と「開運インテリア・アイテム」。

PART 5

運気パワーを上げる「間取りとインテリア」の風水テク。

PART 6

もっと知りたい
「開運風水」。

PART

1

おうちパワースポットで「開運」ができる理由。

あなたをとり巻く「気」が あなたの運をつくっています

すべての環境には「気」がある

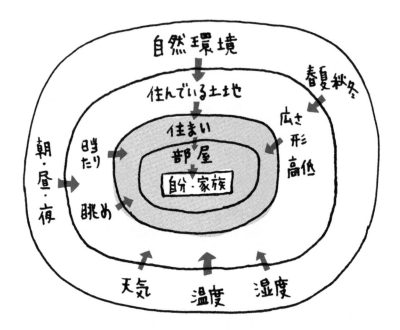

人に与える影響のうち、最も外側にあるのが自然環境。次が住んでいる土地。その次が一戸建てやマンションなどの住まい。そして、私たちにとって一番身近な環境が、部屋の状態やインテリアになります。

こうした環境すべてが「気」というパワーをもっていて、私たちの生き方や運にも大きく影響しています。神社などのパワースポットで得られる「気」も同じ性質です。

住む土地を探すところからスタートし、家相を使って吉相の家を建てることができればベストですが、それができなくても、今の住まい、部屋を風水で整え、そこから「よい気」をもらい、「悪い気」を除くことによって開運することができます。住まいと部屋は私たちにとって一番身近な環境なので、効果も出やすく、すぐにでも変化を実感できるはずです。

あなたの運はこんなことで
下がっているのかも！
すぐに見直したいポイントCHECK LIST

おうちの運は、間取りや方位のほかに、こんなことでも落ちやすくなります。
当てはまる項目が多い人は要注意！
まずは、日常の暮らしから見直してみて。

まずは
玄関や水回り
からチェック！

CHECK LIST

☐ 玄関の土間が靴や荷物でいっぱい

☐ キッチンのコンロまわりが油で汚れている

☐ 通帳や印鑑をきちんと収納していない

☐ 家具やインテリアがすべてモノトーン

☐ リビングに脱ぎっぱなしの服やバッグがある

☐ ダイニングテーブルの上や下が散らかっている

☐ 飾った小物がホコリをかぶっている

☐ 枯れた花や鉢植えを置いたままにしている

☐ 水回り（キッチンや洗面室）が汚れている

☐ トイレがいつもじめじめしている

☐ お風呂のカビや汚れが目立つ

☐ ドアにメモやポスターを貼っている

☐ 窓をあまり開けない

湿気や
風通しに
気をつけて

「おうちパワースポット」で 開運できる 6つの理由

おうちをパワースポット化すると、なぜ家族にいい影響があるのでしょうか。
風水インテリアのもつ効果をもとに
主な理由を6つあげてみました。

1 幸運が家に入りやすくなる

幸運を
おもてなしする
気持ちで!

たとえば玄関を整えれば、自然界の「気」とともに「幸運」が入りやすい家に。さらに幸運を家の中心まで引き込めば、住まい全体がラッキーパワーに満たされます。

2 「よい気」が流れやすくなる

家の運を保つには「気」の流れをつくることが大事。家の中を明るく風通しよく保ち、汚れや湿気、ごちゃつきなどを防げば、気の流れがスムーズになり、どの場所にいてもよいパワーに恵まれます。

3 厄を落とせる

人は外出するたびに体に厄がついてくるものです。家の中に厄を落とす働きをつくれば、厄がとどまることがありません。

厄が落ちると
幸運を吸収
しやすい

4

寝ている間に
パワーを吸収できる

毎日の睡眠が
開運の
アクションに

人は寝ているときに大地と平行に
なるため、自然界のもつ「気」を
体に吸収しやすくなります。寝室
をパワースポットにすることで、
寝ながら開運体質になれます。

5

食事から
幸運体質をつくれる

おいしい食事はパワーの源。食材
や食器の選び方、ダイニングの場
所からインテリアまで意識すれ
ば、食べる行為そのものがラッ
キーアクションになります。

6

活気も落ち着きも
思いのままにできる

精神面への
影響も
見逃せない

風水の基本になるのは太陽の動
き。これを家族の部屋割りやイン
テリアに生かせば、若々しい活気
も、安定した落ち着きも、思いの
ままにコントロールできます。

「おうちパワースポット」で 開運できること 10

風水でおうちをパワースポット化することで、家族が得られる
幸運のベスト10がこちら。お金や健康、家庭円満など
どの家にとってもうれしいことばかりです。

1 お金が 貯まる!

お金を貯めるには、お金にかかわるものを保管する場所が大事。「蓄えるパワー」に恵まれた環境をつくり、そこにしまっておけば、自然と財産が育つ家になります。

2 収入が 増える!

「西に黄色」をはじめとする金運パワーアップの風水を使えば、入ってくるお金を増やす効果があります。貯める風水とセットで実践するのがおすすめです。

3 無駄づかいを 防げる!

イライラを抑える風水の効果から、せっかく入ってきたお金をすぐに使ってしまったり、衝動買いやストレス買いがやめられないなどの行動に効き目があります。

4 家族が健康 になる!

料理をするキッチンや食事をするダイニング、健康管理をするトイレ、体を休める寝室のインテリアの改善で、家族みんなが元気で健康になります。

5 おつきあい上手になる!

人間関係で悩んでいる人には、交際運を高める風水が効果を発揮。また恋愛運を高めたい人、理想の相手と出会いたい人に効くパワーアップ術もあります。

6 仕事がうまくいく!

男性・女性を問わず仕事運がアップします。転職したい、昇進・出世したいという願いもかなえられます。在宅ワークの環境づくりに生かせばさらに効果があります。

7 家族が仲よくなれる!

「気」を整えることで、日常のイライラやケンカが減り、夫婦の愛情が復活。親子関係もおだやかになって仲よく過ごせます。実家との関係改善に効果のある風水も。

8 子宝に恵まれる!

主に寝室のインテリアを改善することで、子宝パワーを上げることができます。男の子がほしい、女の子がほしいといった願いから安産祈願まで効果があります。

9 試験に合格する!

受験はもちろん、資格試験や就職試験などに臨むときも勉強する環境を風水で整えれば、パワーとともに自信もつきます。

10 いい家が見つかる!

引っ越しを考えている人、マイホームを探している人は、今の住まいの不動産パワーを高めることで、理想の物件に出会えます。

Dr. コパからあなたへ
開運メッセージ

その
1

風水の起源はどこから？

　風水とは、古代中国で生まれた「住まい学」。その歴史は3000年とも4000年ともいわれ、黄河流域において人々が幸せに、安全に住むために生まれた学問です。当時は家の間取りより、自然とうまく調和すること、いかに自然に逆らわず、自然からパワーを吸収して暮らすかということが考えられていました。

　現代の風水インテリアの源にも、この考え方があります。風水は占いの一種と思われているかもしれませんが、そうではありません。環境を整えて幸せを呼ぶ環境学で、れっきとした学問なのです。

　人は環境に影響される動物です。地球の誕生以来、人は環境に合わせて進化し、文化をつくってきました。そして、環境が変われば考え方が変わり、考え方が変わると性格や人格も変わります。だから幸せになりたいと願うなら、まずは幸せになるための環境をつくることが大切。その際にどんな家に住んでいても環境を整えられるのが、コパ家に伝わり、コパが時代に合わせて改良した現代版の風水なのです。

PART 2

「自宅のパワー」は方角によって支配している運気パワーが違う。

「8方位」と「家の中心」が支配する運気を知ろう

風水のベースは自然界のパワー

////////////////////////////

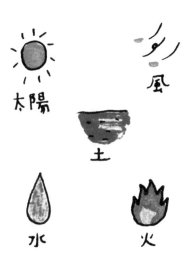

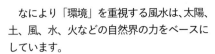

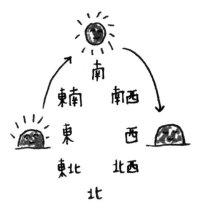

特に重要なのは太陽の運行に基く「8つの方位」

////////////////////////////////////

なにより「環境」を重視する風水は、太陽、土、風、水、火などの自然界の力をベースにしています。

なかでも特に重要なのが、太陽の運行をもとにした8つの方位（北、東北、東、東南、南、南西、西、北西）です。これに「家の中心」を加えた9つのスペースが、「おうちパワースポット」の基本になります。

8つの方位と家の中心は、それぞれ支配するパワーが違います。そして、運気を上げるラッキーカラーやラッキーアイテムも違います。つまりこの法則さえ知っていれば、家のどこに何を置くとどんな運気をパワーアップできるのかがわかるということ。P.20からの方位別詳細を参考に、あなたのおうちに当てはめてチェックしてください。

ちなみに、この場合の北や南などは、家の中心から見たときの方位をさします。リビングや寝室などのひと部屋だけで行いたい場合は、部屋の中心から見た方位でも大丈夫です。くわしい方位の調べ方はP.160を参照してください。

マンションの例ではこうなります

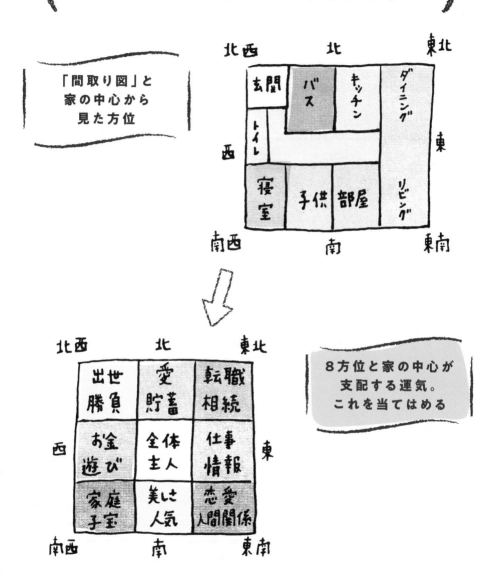

「間取り図」と
家の中心から
見た方位

北西	北	東北
玄関	バス	キッチン	ダイニング
トイレ			
西			東
寝室	子供部屋	リビング	
南西	南	東南

8方位と家の中心が
支配する運気。
これを当てはめる

北西	北	東北
出世勝負	愛貯蓄	転職相続
お金遊び	全体主人	仕事情報
家庭子宝	美と人気	恋愛人間関係
南西	南	東南

西　　　　　　　　　　　　　　東

「住まいの間取り」と「8方位と家の中心が支配するパワー」を重ね合わせると、自分の家のどの部屋にどのパワーの影響が強いのかがわかり、あなたの望みに対してどこに何をすればいいのかという方針を立てられます。

まずは、間取り図を用意して方位を当てはめ、あなたの家のどの場所が、何のパワーを支配しているのかを調べてみましょう。そして、そのパワーを高めるテクニックを使ってみてください。

北が支配する POWER

愛 〉 貯蓄 〉 信頼 〉

財産を保管する場所

暗くて静かな北は、財産など大切なものの保管場所に向いています。クローゼットをつくったり、ダークブラウンの家具を置いて、通帳や印鑑、貴金属など財産にかかわるものをしまうと、北のもつパワーを高めることができます。玄関や水回りが配置されがちですが、北のこれらの空間は明るめの照明にしましょう。

また男女の愛情や子宝などにも関係の深い方位で、オレンジ色のインテリアをとり入れたり、ざくろやざくろの絵を飾れば、子宝運がパワーアップします。北の空間のインテリアはオレンジ色やピンク、ワインレッドなどの暖色系が運気アップには向いています。小物や花でカラーをとり入れてもOKです。

支配するパワー

- 男女の愛
- 秘密を守る
- 信頼関係
- 貯蓄

ラッキーアイテム

- 通帳
- 印鑑
- 金庫
- サイドボード
- ざくろ、ざくろの絵

ラッキーカラー

ピンク

オレンジ色

ワインレッド

POINT 北パワーを生かすポイント

POINT 1 大切なものを保管する

POINT 2 明るい照明にする

POINT 3 暖色系のインテリアにする

変化 〉 転職 〉 健康 〉 相続

東北が支配するPOWER 神聖な場所

東北は別名「鬼門」。なんだかこわい言葉ですが、実際には位の高い神聖な方位。きれいに保っていれば問題はありません。

ただし、ここを汚れたままにしておくと、健康運などに悪影響があります。特にキッチン、バス、トイレがこの方位に当たっているとパワーダウンするので、その場合はインテリアを白でまとめ、常に掃除を心がけること。盛り塩をするのも効果的です。

転職するときや家を買うときも東北のパワーが重要になります。どの場合でもラッキーカラーは白、黄色、水色。白い家具やファブリックなどを使い、シンプルにまとめるのがおすすめです。

支配するパワー	ラッキーアイテム	ラッキーカラー
●変化	●本棚	白
●転職	●机	
●不動産	●カレンダー	
●健康	●雑誌	水色　黄色
●相続	●収納家具	

POINT 東北パワーを生かすポイント

POINT 1 いつも清潔さをキープする

POINT 2 白いインテリアでまとめる

POINT 3 水回りなら盛り塩もおすすめ

> 若さ 　 仕事 　 情報

仕事運を左右する場所

　元気さやチャレンジ精神、仕事、情報などの運気をつかさどるのが東。特に若い人にとっては活力の源になる大切な方位です。

　音と相性がいいので、テレビやオーディオ、パソコンなど音の出るツールは、この方位に置くと運気がアップ。ここからいい情報が得られるはずです。キッチンやダイニングが東にあるのもいい間取りです。部屋の場所にかかわらず、東枕で寝て東に目覚まし時計を置くと、早起きできて朝からバリバリ働けるという効果もあります。

　ラッキーカラーは赤、ブルー、白、ピンクなど。カラフルで華やかなインテリアがパワーを高めてくれます。

支配するパワー

- 健康
- 若さ
- 情報
- 仕事
- チャレンジ精神

ラッキーアイテム

- テレビ
- パソコン
- オーディオ
- 電話
- 時計

ラッキーカラー

 ピンク 　 赤

 白 　 ブルー

東パワーを生かすポイント

POINT 1 音の出るものを置く

POINT 2 ダイニングにする

POINT 3 カラフルなインテリアにする

人間関係　恋愛

交際上手になれる場所

東南は人間関係をつかさどる方位。ここのパワーを上げておけば、交遊関係や仕事上のおつきあいなども円滑になります。悪臭を漂わせないように。ラッキーカラーはピンク、オレンジ色、グリーン。またピンク、黄色、赤、白の4色をインテリアに使うか、この4色の花を飾ると交際運が上がります。「香り」とも相性がいいので、花を選ぶときは香りのいいものがベストです。

また風水には「娘は東南の風に当てろ」という言い伝えがあります。これは「東南から良縁がやってくる」と考えられているため。独身の女性や女の子の部屋をつくる方位として向いています。

支配するパワー

- 信用
- 恋愛
- 人間関係
- 縁

ラッキーアイテム

- 香り
- 旅行用品
- 花柄・ストライプの小物
- 花

ラッキーカラー

ピンク

オレンジ色

グリーン

POINT
東南パワーを
生かす
ポイント

POINT
1
花を飾る

POINT
2
いい香り
を漂わせる

POINT
3
女の子の
部屋にする

〈 直感力 〉 〈 美しさ 〉 〈 人気 〉

人気や名誉に影響する場所

この方位を吉相にしておくと勘が冴え、才能を高められます。人気や名誉、美しさなどとも関係が深いので、若くして成功を望む人には重要な方位といえるでしょう。

ラッキーアイテムは観葉植物。特に2つの鉢を一対にして置くと、パワーアップの効果が増します。ゴールド、シルバーやステンレス、クリスタルなど、ピカピカ光るものとも相性がよく、グリーンや白、ベージュ、オレンジ色がラッキーカラーです。

反対にタブーなのは、大量の水を置くことと赤をたくさん使うこと。カッカしやすくなり、夫婦や親子のケンカが増えるおそれがあります。

支配するパワー

- 人気
- 名誉
- 直感力
- 美しさ

ラッキーアイテム

- 観葉植物
- 金属製品
- 布製の家具
- 鏡

ラッキーカラー

グリーン　　ゴールド

白

ベージュ　　オレンジ色

POINT

南パワーを **生かす ポイント**

POINT 1 一対の観葉植物を置く

POINT 2 ピカピカ光るものを飾る

POINT 3 大量の水を置くのは避ける

安定　母性　子宝

家庭円満のパワーがあふれる場所

　南西が支配するのは大地のパワー。そこで土の色＝茶色をインテリアに使ったり、タイルやいぐさ（畳）などのナチュラル素材をとり入れると吉相になります。

　「母なる大地」という言葉があるように、南西は母性の運気ももっています。家庭内での女性のパワーを上げ、夫婦や親子関係を円満に保つためにも、この方位は大切といえるでしょう。

　そのほかのラッキーカラーは、黄色、ラベンダー色、グリーン、赤など。素焼きの鉢に植えた植物も、大地のパワーを高めてくれます。また、この方位にオレンジ色を使うと子宝運アップに効果があります。

支配するパワー

- ●結婚
- ●家庭
- ●母性
- ●安定
- ●子宝

ラッキーアイテム

- ●クローゼット
- ●タンス
- ●鉢植え
- ●観葉植物
- ●フルーツモチーフ

ラッキーカラー

赤　　茶色

黄色　　ラベンダー色

グリーン　　オレンジ色

南西パワーを
生かす
ポイント

POINT 1
自然素材
をとり入れる

POINT 2
大地のイメージ
のカラーを使う

POINT 3
子宝運には
オレンジ色をプラス

西が支配する **POWER**

<お金> <遊び>

「実り」にかかわる場所

風水といえば「西に黄色」が有名ですが、これは誰もが望む「金運」にかかわるからでしょう。西はもともと「実り」をあらわす方位。そこで、豊かに実った稲穂の色、つまり黄色がラッキーカラーなのです。

西は寝室や和室に向いていますが、反対にアンラッキーなのは、キッチンやバス、トイレなどの水回りです。せっかくの金運が水で流されてしまいます。水回りがあるなら、インテリアは黄色や白、ラベンダー色でまとめましょう。西日が入るなら、これらの色のカーテンかブラインドで遮光します。出費が多くてお金が貯まらない人は、ブルーをポイント的に使いましょう。

支配するパワー

- お金
- 遊び
- 恋愛
- 会話

ラッキーアイテム

- ドレッサー
- 鏡
- 化粧品
- 花

ラッキーカラー

黄色　白

ブルー　ピンク

ラベンダー色

POINT

西パワーを **生かす** ポイント

POINT 1 黄色いものを飾る

POINT 2 貯まらない人はブルーをプラス

POINT 3 西日はしっかり遮光する

北西が支配する POWER

仕事や勝負に影響のある場所

男性の仕事や上司運などに深くかかわる北西。ここに書斎や、夫の持ち物をしまう収納などがあると、仕事運がアップして昇進や出世にいい影響があります。反対に、キッチンやバス・トイレなどの水回りがあると運気ダウンの心配も。ラッキーアイテムやラッキーカラーでカバーしてください。

相性のいいアイテムは、白くて丸いもの。照明器具などを選ぶなら、このタイプのものにしましょう。お札やお守り、家族の写真などもラッキーアイテムです。

ラッキーカラーはベージュ、茶色、白、グリーン、オレンジ色など。落ち着いたインテリアがおすすめです。

支配するパワー

- 出世
- 上司
- 夫
- 勝負

ラッキーアイテム

- 机
- お守り
- 神棚
- クローゼット

ラッキーカラー

オレンジ色　　ベージュ

グリーン　　ゴールド

茶色　　　　白

北西パワーを生かすポイント

POINT 1 夫のスペースにする

POINT 2 白くて丸いものを飾る

POINT 3 落ち着いたインテリアにする

家の中心 が 最も大切な"かなめ"の場所
支配する POWER

家の中心は、玄関から入ってきた幸運の通り道（ラッキーゾーンという）でもあり、その家全体の運を左右するかなめの場所です。ここには水回りや階段、吹き抜けなどがないのが吉相。できればリビングや寝室など長時間過ごすようなスペースや、通帳や印鑑など財産にかかわるものをしまえる収納があると理想的です。

もし水回りなどがある場合は、インテリアにラッキーカラーをとり入れましょう。ラベンダー色やグリーン、黄色、ゴールド、シルバーなどがおすすめ。また大きな木がモチーフの絵や背の高い観葉植物を飾ると、家全体のパワーを集中させることができます。

支配するパワー

- 全体運
- 夫の運

ラッキーアイテム

- 大黒柱
- 大きな家具
- 背の高い 観葉植物
- 金庫

ラッキーカラー

 ゴールド ラベンダー色

 グリーン 黄色

家の中心 パワーを生かす ポイント

POINT 1
リビングや寝室、収納にする

POINT 2
水回りなら ラッキーカラーを 使う

POINT 3
大木の絵などを 飾る

PART

3

願いをかなえるための「開運行動」。

幸運を
呼び込み
たい！

家族で
幸せに
なりたい！

厄落としを
したい！

POWER UP

全体運

を上げたい！

おうちをパワースポットに
するためには
まずは全体運を高めるのが先決。
幸運の入り口である玄関や
家の中心がカギを握っています。

ACTION 1

表札を出す

幸運は人と同じように玄関から入ってき
ます。このとき表札が出ていないと、誰
のお宅かわからず、幸運も訪ねてくるこ
とができません。表札はポストだけでな
く、ドア脇の壁に必ず出しましょう。表
札の素材はナチュラルな木製がおすすめ
です。

NG 風水 玄関ドアの正面 に鏡を置く

玄関ドアの正面に姿見など鏡を置く
と、せっかく家の中に入ってきた幸
運を跳ね返してしまいます。鏡を置
くなら右か左に。パーティションも
玄関ドアの正面に置くと運気がス
トップしてしまうので避けましょ
う。

幸運はきれいで明るい玄関が大好き。照
明器具のホコリを払って、古い電球は早
めに交換。外のポーチから土間、靴箱の
中まできれいに掃除して、ぞうきんでド
アやカウンター、土間まで水拭きすれば
完璧です。
仕上げに玄関のある方位のラッキーカ
ラー（P.20 〜 27 参照）の花を飾り、ルー
ムフレグランスでフレッシュな香りを漂
わせましょう。これで、幸せが喜んで訪
れてくれるはず！

ACTION 2

玄関をこまめに 掃除する

NG 風水 土間が靴でいっぱい

玄関の土間が靴で散らかっていると、せっかく入ってきた幸運がUターンして出ていってしまいます。出しておいてもOKの靴は3足まで、もしくは家族の人数分。それ以外はきちんと靴箱にしまいましょう。子どものおもちゃやスポーツ用品などの出しっぱなしもNGです。

大黒柱で
住まいが
パワーアップ

ACTION **3**

家の中心に大きな植物を置く

昔から「いい家には大黒柱がある」とされますが、マンションなどでは無理。そこで家の中心に大木をイメージさせるような背の高い観葉植物を飾りましょう。これが大黒柱のかわりになり、家全体の運気が安定します。鉢を置くスペースがなければ、大木をモチーフにした絵やタペストリーのほか、八角形のアイテムを飾ってもOKです。

冷蔵庫の
メモは
側面ならOK

NG 風水 ドアにものを貼る

ドアはすべての幸運の通り道。ドアに何かが貼ってあるとそこで運気がストップしてしまうため、リースなどを飾るならドアではなく左右の壁にしましょう。
このルールは玄関だけでなく、部屋のドアや冷蔵庫でも同じ。トイレのドアにカレンダーをかけている人、冷蔵庫のドアにメモを貼っている人は、今すぐはがして！

収入を
増やしたい！

お金を
貯めたい！

無駄づかいを
減らしたい！

POWER UP
金運
を上げたい！

金運アップは誰にとっても
共通の願いごと。
収入倍増から無駄づかい撃退、
貯蓄額アップまで、お金にまつわる
願いをまるごとかなえましょう。

ACTION 1

黄色いものを西に飾る

どんな家でも金運は西からやってきて、
そこにある黄色いものに引き寄せられま
す。そこで家の西側のインテリアは黄色
でまとめるのが正解。カーテンやクッ
ション、雑貨、花など何でもOKなので、
やや濃いめの黄色をとり入れましょう。
ラベンダー色をプラスすると厄落としの
効果も期待できます。

ACTION 2

玄関を入って
左に鏡をかける

玄関ドアを入って左側の壁に鏡をかける
と、家の中に金運を呼び込みやすくなり、
右側にかけると出世や名誉などのパワー
がアップします。
ただし鏡を両側にかけるのはNG。"合
わせ鏡"はパワーがお互いに反響してし
まうため、玄関以外の部屋でも禁物です。

NG 風水 お財布を
キッチンに置く

お財布は手近なほうが便利だからと食器棚の引き出しにし
まったり、お財布の入ったバッグをキッチンに置いていま
せんか？ これは風水ではNGアクション。キッチンで使
う火や水のダメージがお財布にも及び、散財の原因になっ
てしまいます。

東北は貯めたお金を財産に変える方位。お金が入ってきてもうまく使えないのは、東北の部屋に問題があるのかもしれません。

大切なのはこまめに掃除して、インテリアを白でまとめること。白は汚れが目立ちやすいので、すぐに気づいて掃除できるようになります。

汚れに早く気づくためにも、照明は明るめに。シェードは白くて四角いものがおすすめです。

ACTION 3
東北の部屋を掃除する

ACTION 4
大切なものは北か家の中心にしまう

お財布、通帳、印鑑、金庫、貴金属などを保管するなら、北か家の中心に。北のように静かで涼しい場所にしまっておくと、思いがけない出費が減り、金運がパワーを蓄えてぬくぬくと育ってくれます。また家の中心にはその家全体のパワーが集中するため、大切なものにパワーを吸収させることができます。

北では白＋ピンク、家の中心では白＋黄色＋ラベンダー色の袋や箱に入れて収納すると、さらに効果がアップします。

NG 風水　通帳や印鑑を南にしまう

直射日光がカンカン当たる南に通帳などを置いておくと、金運が疲れきって消耗してしまいます。実際には日光が当たっていなくても、お金関係のものを南の部屋に置くのは避けましょう。

お金に直射日光は厳禁！

POWER UP
金運
を上げたい!

ACTION  5

北枕で寝る

「北枕は縁起が悪い」というイメージがありますが、風水ではお金の貯まるいい寝方。貯蓄に必要な冷静さを養えて、イライラからの無駄づかいを防げるようになります。ベッドを北に向けられないなら、枕カバーを白にすると北枕と同じ効果を得られます。

NG 風水 〈 コンロまわり が汚れている

火を使うコンロからはダメージが発生しやすく、汚れているとそれが強く出てしまいます。特に心配なのは金運と女性の運気への悪影響。イライラから衝動買いや無駄づかいに走りやすくなるので、油汚れは徹底的に追放しましょう。きれいに掃除したあとコンロのそばに観葉植物を飾ると、火のダメージを鎮める効果がアップ。熱で葉が傷まないよう、少し離してディスプレイして。

NG 風水 〈 西や北の水回り が汚れている

西は金運、北は貯蓄にかかわる方位。そこにキッチンやバス、トイレがあって掃除が行き届いていないと、金運にも財運にも恵まれない家になってしまいます。
特に西の水回りが汚れていると、女性が派手好きになって無駄づかいが増えがち。北にバスやトイレがあると、男性が遊び好きになる傾向があります。どちらの場合も掃除を徹底し、西では黄色＋少しのブルー、北ではピンクのグッズなどをとり入れて、遊び心を抑えてください。

散財グセの
原因は
水回り!?

今使っている
お財布は
何年目？

早起きして 朝日を浴びる

お金持ちに朝寝坊はいません。風水でも「早起きができない人は大成しない」といわれ、東の太陽からエネルギーをもらうと金運や仕事運が高まるとされています。ぜひ早起きして朝日をたっぷりと浴び、よい運気を吸収してください。

目覚まし時計を使うなら、枕の向きに合わせて色や素材を選びましょう。東枕なら赤かブルー、北枕なら白、黒、ブルーで大きめサイズ、南枕なら光沢のある金属製、西ならピンク、黄色、茶色で木枠のものがおすすめです。

NG 風水 同じ財布を 3年以上使う

お財布に宿るよいパワーの効き目は3年間。それ以上使い続けていると自分の金運までですり減らしてしまいます。3年たったら買いかえを検討しましょう。

風水でおすすめの財布は、ゴールド、ピンク、ワインレッド、ラベンダー色がどこかに使われていて、カードが8枚入るタイプ。黒や茶色のシンプルなお財布を使うなら、この4色の名刺大の紙を入れておいてもOKです。

NG 風水 テイクアウトフードを 容器のまま食べる

レストランのテイクアウトやスーパー、コンビニのお総菜を家で食べるとき、プラ容器のままはNG。風水では食材だけでなく、食器やテーブルウエアからもいい運気を吸収できると考えるため、プラ容器などで食事をしていると、体の中から金欠体質になるおそれも。必ず手持ちの食器に移しかえてからいただきましょう。

POWER UP
金運
を上げたい！

ACTION 7

ゴールドの アクセサリーをつける

金運を高めてくれるパワーをもつのは、シルバーよりゴールド。メッキでもいいので身につけると金運体質になれます。2つで1組のイヤリングには「いいことが繰り返される」というラッキーな意味が。馬蹄型や八角形、逆三角形にも金運が宿るので、これらのモチーフがとり入れられたゴールドのものがおすすめです。

ACTION 8

黄色いものを食べる

「実り」や「豊かさ」をあらわす黄色は金運を呼ぶラッキーカラー。食べ物としてとり込めば、体の中から金運体質に生まれ変われます。

おすすめは卵料理、カレー粉を使った料理、さつまいも、かぼちゃ、黄色いパプリカ、コーン、バナナなど。栗とさつまいもをたっぷり使った栗きんとんは、お正月以外でも食べたい金運フードです。

おいしく
食べながら
金運もアップ♪

ACTION 9

黄金色のものを 食べる

黄色と同じ意味をもつのが、黄金色。カラリと黄金色に揚がった鶏の唐揚げやフライドポテト、油揚げ、パリパリのバゲットなどにも金運パワーが詰まっています。

油揚げは俵型のいなり寿司にするのがベスト。山のような形に積み上げてから食べると、さらに金運がアップします。

ACTION **10**

スイーツを食べる

甘いものは昔から豊かさの象徴。だから金運もスイーツが大好きなのです。とはいえ、たくさん食べる必要はなく、食後やおやつの時間に少しだけ食べるだけでも効果は十分です。
お菓子は和でも洋でもOKですが、黄色、白、丸い形を意識して選んでみて。黄色いモンブランやカステラ、白い大福やおだんごなどは、金運フードの条件を満たした優秀スイーツです。

おやつで開運できるのがうれしい！

ACTION **11**

白いものを食べる

豆腐や白身魚、クリームシチューなどの白い食べ物には、縁が円を呼び、人間関係運と金運を同時にアップさせるパワーがあります。仕事でおつきあい上手になって収入をアップさせたい人、友達や実家との交際費をスリム化したい人はぜひ試してみて。
特に白い餅は金運や勝負運アップに効果的。白身魚のカレー風味ムニエルや、豆腐を黄金色に揚げた揚げ出し豆腐、餅にきな粉をかけたあべかわなどは、白×黄色の金運パワーをダブルで狙えます。

NG 風水 やせ見えメイク

やせて見せるメイクはクールな半面、金運を引きつけるパワーは弱め。風水流の金運美人は、やや下ぶくれのふっくら顔です。ハイライトで頬に丸みを出し、眉やアイラインは長めに。リップはパール系のオレンジ色でぽってり感を出しましょう。髪形はおでこを出すのがポイントです。
ヘアメイクでは流行も気になりますが、金運を呼び込みたいならぜひ参考に！

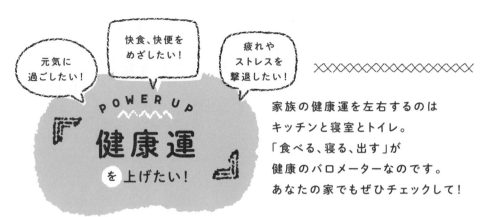

元気に
過ごしたい!

快食、快便を
めざしたい!

疲れや
ストレスを
撃退したい!

POWER UP
健康運
を上げたい!

家族の健康運を左右するのは
キッチンと寝室とトイレ。
「食べる、寝る、出す」が
健康のバロメーターなのです。
あなたの家でもぜひチェックして!

ACTION 1

キッチンに
赤いものを置く

赤は朝日をあらわすカラーで、朝から元気よく過ごせる運気を秘めています。そんな赤をキッチンのインテリアにとり入れると、毎日の食事に元気のパワーが宿り、家族全員の健康運がアップします。キッチン雑貨やクロス、時計、食器などを新調するなら、ぜひ赤を選んで。

ACTION 2

ダイニングを
暖色でまとめる

ブルーなどの寒色系は、食欲を減退させる色。ダイエットには効果的ですが、健康に不安のある人や育ちざかりのお子さんのいるお宅には向きません。食欲旺盛で健康的になれるダイニングをつくるには、赤、オレンジ色、黄色などの暖色系がおすすめです。

ACTION 3

赤、ブルー、白の花
を東に飾る

赤、ブルー、白の花を部屋の東に飾ると、健康運や仕事運を引き寄せるパワーがアップ。東のラッキーナンバーは3なので、3色を組み合わせるのがポイントです。
元気よく早起きできる効果もあるので、「夫や子どもが朝なかなか起きない!」というお宅でも試す価値あり。

ACTION 4

東枕か西枕で寝る

人は寝ている間に大地からよい運気を吸収します。そのため寝室の環境やベッドの向きなどは、健康運への影響が大。早起きしてバリバリ働きたい人は東枕、年配者や不眠ぎみでしっかり熟睡したい人は西枕で寝るのが正解です。

ベッドまわりのインテリアは、東枕なら赤、ブルー、白、ピンク、西枕なら黄色、白、ゴールドがおすすめです。

見落としがち
だから
気をつけて！

NG 風水 ベッドの下が ホコリだらけ

ベッドの下が汚れていると、寝ている間に悪い運気を吸収してしまうことに。普段からきれいにしておくのが理想ですが、ワイパーや掃除機のノズルが入らないとホコリが積もりがち。古布を巻きつけた長い棒などでこまめにかき出し、よい運気をダイレクトに吸収してください。

ACTION 5

白い花を 東北に飾る

精神的なストレスを感じたら、白い花を白い花器に生けて、部屋の東北にセットしましょう。こんなシンプルな方法が「心の厄落とし」に効きます。いやなことがあったとき、気分転換したいときにも試してみて。さらにパワーを高めたいなら、小皿に盛った粗塩を置くのもおすすめです。

ACTION

6

トイレをこまめに
換気、掃除する

光と風を重視する風水では、窓のない
トイレは健康運にダメージ大。換気扇
をこまめに回し、空気がよどまないよ
うに気をつけましょう。

窓があってもなくても、トイレ掃除は
欠かさないのが鉄則。特に床。便器や
タンク、壁もしっかりチェックしま
しょう。

さらにダメージを抑えたいなら、小皿
に盛った粗塩を置く方法も。この「盛
り塩」は窓のない水回りに共通の厄落
としテク。キッチンや洗面室にも応用
できます。タオルやマット、スリッパ
などはラベンダー色がおすすめ。ワン
ポイント入ったものでもOKです。

今すぐ
トイレ収納を
チェックして！

NG 風水 トイレの照明 が暗い

トイレが暗いと健康チェックがし
にくいうえ、汚れに気づかないと
いうデメリットも。電球はできる
だけ明るめのタイプを選んでくだ
さい。シェードに積もったホコリ
も暗くなる原因なので、普段から
掃除する習慣をつけましょう。

NG 風水 タオルを トイレ内にしまう

予備のタオルをトイレ内の棚にしまっ
ていると、トイレの弱い運気がタオル
にしみつき、使う人の健康への悪影響
が心配。棚に入れるのはトイレット
ペーパーや洗剤などにして、タオルは
別の場所に保管しましょう。

どうしてもトイレ内に置く場合は、洗
濯したあと必ず日光に当てて乾かし、
タオルに太陽のパワーを吸収させてく
ださい。

NG風水 トイレにカレンダーや学習シートを貼る

カレンダーや子どもの学習シートは、トイレが落ち着かなくなる原因になるためNG。そもそも厄落としの空間であるトイレで学んだことは、開運に結びつきません。

絵やポストカードなどを飾るなら、ドアではなく壁面に。トイレだけでなく、ドアに何かを貼ると運気が行き来しにくくなります。ドアにリースを飾るのもNGですが、これもドア脇の壁ならOKです。

習慣になっている人は要注意

NG風水 トイレを図書室がわりにする

ひとりで集中できるからと、トイレに本やマンガを置くのは厳禁。そもそも紙は湿気を吸いやすく、水回りに置いておくのは不衛生です。スマホを持ち込んで見るのもNGです。湿気を吸いやすいものとして、布製の雑貨や人形、ぬいぐるみなどを飾るのもNG。インテリアはガラス製や陶製など、手入れのしやすいものがおすすめです。

NG風水 掃除用具がまる見え

トイレで快適に過ごすためにも、掃除ブラシなどをむき出しで置くのは避けたいもの。でも収納する場所がない！という場合は、手前に観葉植物を置いて目隠ししましょう。

植物は本物がベストですが、日が当たらないと枯れやすいのが難点。耐陰性のある品種を選ぶか、やむをえない場合はフェイクグリーンで代用して、ホコリがたまらないように気をつけましょう。

仕事を
バリバリ
こなしたい！

転職を
成功させたい！

夫を出世
させたい！

POWER UP
仕事運
を上げたい！

共働きや子育て後の復職、
在宅ワークなど
どんな家庭にもある仕事面の悩み。
スムーズに解決するために
風水で環境を整えましょう。

 ACTION **1**

東にパソコンを置く

タブレットも
東を向いて
使うと◎

東は、いい情報がやってくる方位。仕事
や家事に使うパソコンのほか、スマホ
やテレビなどの情報ツールも東に置く
と、そこからいい情報をタイミングよく
キャッチできます。
東のラッキーカラーは朝日をあらわす
赤。パソコンのそばにはぜひ赤いグッズ
を飾りましょう。

ACTION **2**

白くて丸いものを飾る

出世運は白くて丸いものに引き寄せられ
ます。自分や夫のキャリアアップを願う
なら、白くて丸いオブジェや照明などを
玄関に飾りましょう。特に夫の出世や昇
進が目的なら、リビングや寝室の北西に
飾るのも効果的です。

花瓶や
照明などで
探してみて

ACTION 3

玄関の土間を水拭きする

夫の残業が多くて、いつも帰宅が遅い。そんなお悩み解消に効くのがこの風水。土間の土ボコリを掃除機やほうきでとり除いてから、ぞうきんできれいに水拭きします。

玄関は仕事中についた厄を払う"関所"のような場所なので、土間には落ちた厄がいっぱい。それを水拭きで清めるという意味があるのです。さらに効果を高めたい場合は盛り塩をプラスして。

ACTION 4

転職活動は南を向いて行う

転職や独立など大きな決断をするときは、太陽のパワーを味方につけるのが正解。天気のいい日に朝日を浴びながら部屋を掃除し、正午頃に南を向いてじっくり検討しましょう。日ざしの入らない部屋や夜間に考えるときは、東に赤いもの、南に一対の観葉植物を飾り、同様に南を向いて行います。

ACTION 5

職種に合った方位で在宅ワーク

自宅で働く機会が増え、どこで仕事をすればいいの？と悩んでいる人も多いはず。そんなときは職種に合わせて方位を選んでみて。
- 情報、IT……いい情報に恵まれる東がベスト。東には活力や若さのパワーもあり、アクティブに働きたい人ならほかの職種でもOK。
- 営業、企画……明るい日ざしが入る東、東南、南。クライアントといい関係を築ける。
- アート、スポーツ……才能やひらめきに恵まれる南。デスクまわりは散らからないように注意。
- 経理……おだやかな日ざしが入る西か、あまり日の当たらない北、東北など。落ち着いて仕事に集中できる。

POWER UP
仕事運
を上げたい！

接客業なら
東南を整える

正社員でもパートやアルバイトでも、接客業の人にとって大切なのは東南。お客さまといつも気持ちよく接するために、交際運を支配する東南の部屋のインテリアを整えましょう。ラッキーカラーはピンク、黄色、赤、白。このカラーを小物や花に使い、窓があるならこまめに開けて風を通しましょう。

ACTION **6**

資格試験の準備は
北向きで

キャリアアップのために資格をとるなら、北を向いて勉強するのがおすすめ。デスクはスチール製ではなく木製を選び、黒いスタンドを使います。グッズも茶系や黒、濃いめのブルーやグリーンなどで、落ち着いた環境づくりを。

夫の仕事運は
北西が
決め手に

NG
風水
北西の部屋が
散らかっている

北西は男性の運気を支配する方位。北西の部屋が散らかっていたり汚れていたりすると、どんな職種であっても夫の運気がダウン。使わないものを放り込んでおく納戸にするのもNGです。北西は常に掃除を欠かさず、夫の持ち物をまとめておくスペースにすると◎。インテリアは白、茶色、グリーンなどで落ち着いた雰囲気を演出してください。

ACTION 8

会社員なら北、自営業なら東を寝室にする

会社勤めでコツコツと仕事にとり組むには、北の寝室が最適。インテリアはアイボリーやベージュで明るい雰囲気に。ベッドはできれば部屋の中央に置き、枕元に一対のスタンドを配置しましょう。自営業の人は東の寝室がおすすめ。東側にはスタンドや朝日を描いた絵を飾り、元気よく働けるパワーを補います。ベッドも東枕が◎。

ACTION 9

すっぱいものを食べる

すっぱい食べ物は「ここぞ！」というときに能力を発揮できるので、大切な会議やプレゼン、面接などの前に食べるのがおすすめです。酢の物、マリネ、お寿司、酸味のあるフルーツなど、好みに合わせて選んでOK。いい企画が浮かばないときは、えびやかになどを食べると、思いがけないひらめきが生まれるはず。

ここ一番の
前日に
さりげなく

ACTION 10

白＋黄色の花を北西に飾る

夫のキャリアアップを願うなら、白＋黄色の花で豪華なアレンジを丸くこんもりといけ、部屋の北西に飾りましょう。花器は茶色やゴールドやベージュ、高級感のある有田焼などがおすすめ。夫の格がワンランク上がって、家族みんなにもいい影響が生まれるはずです。

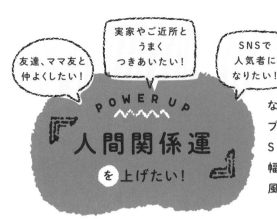

友達、ママ友と
仲よくしたい！

実家やご近所と
うまく
つきあいたい！

SNSで
人気者に
なりたい！

POWER UP

人間関係運

を 上げたい！

なにかと心配が尽きない人間関係。
プレゼント合戦の負担から
SNS上のおつきあいまで
幅広い悩みや願いごとに効く
風水テクを集めました。

ACTION 1

白、黄色、ピンク、オレンジ色の花を飾る

人づきあいが苦手な人、友達や実家とうまくおつきあいしたい人にまず試してほしいのが花風水。白、黄色、ピンク、赤の4色の花をスッと背が高くなるようにアレンジして、部屋の東南に飾ります。

こうすると人との良縁が生まれて人間関係運がアップ。花は香りのいい品種ならパワーが倍増します。香りがない場合はルームフレグランスで補って。

NG風水 東南の部屋が閉めっぱなし

東南は人間関係をつかさどる方位。ここが汚れていたり窓が閉めっぱなしだったりすると交際運がダウン。特に東南は「風」や「香り」と相性がいいので、空気がよどんでいるのは厳禁です。窓はできるだけ開けて風を通し、掃除もこまめに。ピンクやオレンジ色をインテリアにとり入れて、ルームフレグランスでいい香りを漂わせましょう。長いアイテムも人との縁を結んでくれるので、リボンを使ったルームデコもおすすめ。

NG風水 刃物やカトラリーが出しっぱなし

包丁やナイフなどを出しっぱなしにしておくと、金銭面の悩みや嫁しゅうとめのもめごとの原因に。使ったら早めにしまう習慣をつけてください。スプーンやフォークなどのカトラリーも、きちんと収納しないと来客が激減するおそれあり。金属製のアイテムには大地のパワーが宿っているので、定期的に磨いて大切に扱いましょう。

ACTION 2

南に一対の観葉植物を飾る

南は才能や人気をつかさどる方位。実生活で友達を増やしたい人はもちろん、SNSのフォロワーを増やしたい人、動画投稿サイトで人気者になりたい人は、ぜひ南のパワーを味方につけましょう。

おすすめは観葉植物を一対にして飾ること。植物の品種は同じでも違っていてもOKです。ステンレスの鉢を使ったり、シルバーやゴールドの光るオーナメントを吊るしたりすると、南のもつパワーをさらに高められます。

ACTION 3

長いものを食べる

風水では「長いものは人との縁を結んでくれる」と考えます。夫婦や親子、友達、実家、ご近所などと円満な関係を築きたいなら、ぜひ長い食べ物をメニューにプラスして。そばやうどん、パスタなどの麺類のほか、長いも、うなぎ、さんまなどもOKです。

汚れを
ためてからでは
遅すぎる

NG 風水 キッチンの換気扇が汚れている

掃除の中で最も手ごわい換気扇。でも、汚れた換気扇からいやなにおいが漂っていると、ご近所でよくないうわさを立てられるおそれがあります。油汚れ専用の洗剤や重曹、セスキ水などを駆使してきれいにすれば、キッチンを気持ちよく使えてご近所対策にもなるはず。

夫婦ゲンカ
をなくしたい!

家族円満!

浮気や不倫を
防ぎたい!

POWER UP
家庭運
を上げたい!

在宅ワークで一緒にいる時間が
増えたら、ケンカやストレスからの
無駄づかいが増えてしまった……。
そんなときは、こんな風水アクションで
円満家庭をめざして!

ACTION **1**

家の中心でくつろぐ

家の中心は家全体のパワーが集中する場
所。通帳や印鑑などの大切なものを収納
するのに向いていますが、家の中心がリ
ビングやダイニングの場合はテーブルや
ソファを置き、できるだけ長い時間ゆっ
たりと過ごしましょう。家族もその家に
とっての"大切なもの"なので、家の中
心にいるとよいパワーを吸収できます。

NG風水 南に大量の水を置く

直射日光の当たる南には火のパワー
があふれています。ここに大量の水
があると、お互いのパワーが反発し
あってダメージが発生。イライラし
て夫婦ゲンカが増えたり、ストレス
から衝動買いを引き起こすことも。
ペットボトルのストックや熱帯魚の
水槽などを南に置いているなら、ほ
かの場所に移動させましょう。

NG風水 冷蔵庫の上に電子レンジをのせる

理由は南に水を置くのと同じ。水のパワーをもつ冷蔵庫の上に火をあらわ
す電子レンジをのせると、お互いの作用が反発してしまいます。どうして
も置く場合は間に厚さ2cmくらいの板をはさみ、火と水のパワーを遮断し
てください。

かわいい
花で
家庭運アップ♥

黄色＋ピンクの花を南西に飾る

黄色＋ピンクの小さめの花を、家庭や母性をつかさどる南西に飾ると、家族が仲よく円満になります。花器はぽってりとした焼物がベスト。丸みのある形で、土の雰囲気が感じられるものがよいでしょう。切り花のほかに鉢植えも◎。南西は西日が当たりやすいので、花や植物が傷まないようにレースのカーテンなどで遮光しましょう。

NG 風水 お風呂にふたをしない

お風呂は夫婦の愛情を左右する場所。特に浴槽のふたを使っていないと、湿気がたまって愛情運へのダメージが心配です。入浴時以外は必ずふたをして、換気扇をこまめに回すなど湿気対策を万全にしてください。

どの方位の
お風呂でも
要注意！

NG 風水 水回りの金属がくもっている

お風呂でもうひとつ注意したいのが、蛇口やシャワーヘッド、タオルかけなどのステンレス部分。ここがくもっていると愛情運に悪影響を及ぼします。水あか対策のできるクリーナーで磨き、ピカピカの光沢を蘇らせてください。お風呂上がりに水滴を拭く習慣をつければ、掃除の手間も省けます。

きれいに
なりたい!

ダイエットを
成功させたい!

気持ちを
安定
させたい!

POWER UP
女性の運
を上げたい!

どんな年齢の女性にも共通の
「きれいで若々しくいたい」という願い。
風水ではそんな願望もかないます。
イライラを抑えて落ち着ける
風水アクションも参考に。

ACTION 1

南に一対の観葉植物＋光る小物を飾る

美容運を支配するのは南で、そのパワーをアップしてくれるのが一対の観葉植物です。南に2つの鉢をセットで飾るのがポイント。さらに南は光る素材と相性がいいので、ステンレスの鉢カバーを使ったり、光沢のある小物を枝に吊るしたりしてみて。クリスマスツリーに飾るオーナメントでもOKです。

NG 風水 洗面室でメイクする

洗面室は汚れを落とす＝厄落としをする場所です。そのため出かける前にメイクするには不向き。寝室やリビングなどの明るい場所でするのが正解です。鏡はベーシックな四角でもOKですが、八角形なら金運も人間関係も含めすべての運がアップします。どの方向を向いてメイクするかもポイント。南向きなら美人顔になれて、西向きならかわいくなれます。東向きなら手早くメイクができ、北向きならイライラを抑えられます。鏡の前にはピンク、グリーン、ゴールドのものを。

NG 風水 エプロンをつけずに料理する

これは女性にも男性にも当てはまるルール。エプロンをつけずに料理をしていると、コンロとシンクから発する火や水のダメージをまともに受けてしまいます。防ぐためにはエプロンがマスト。足元からの汚れもツキを落とす原因なので、キッチン専用のスリッパを履くのもおすすめです。

ACTION 2

厄年前の女性は
東南で過ごす

女性の若々しさを支配するのは東南。ここが汚れていたり、窓を閉めきって空気がこもっていたりすると、実年齢以上に老けて見られてしまうことも。特に38歳までの女性は、東南の部屋を自室にしてゆったりと過ごし、若さのパワーを吸収しましょう。

カーテンやソファカバーなどはピンクやオレンジ色の花柄がベスト。また東南は風や香りと相性がいいので、できるだけ窓を開け、ルームフレグランスを使うのがおすすめです。

花柄と香りで
若々しさを
キープ

ACTION 3

厄年後の女性は
南西で過ごす

厄年を過ぎて39歳以上の人は南西の部屋を使いましょう。このルールのベースは太陽の動き。朝日からは活発さや若さ、夕日からは安定感や落ち着きを得られるため、女性の年齢によって東側→西側へとラッキー方位が変わっていくのです。南西のラッキーカラーは黄色、茶色、ラベンダー色。大地をイメージさせるような素材もラッキーなので、焼物のカップでお茶をしたり、素焼きの鉢で観葉植物を育てるのも◎。気持ちが落ち着き、おおらかで安定感のある女性になれるはず。

NG 風水 暗い洗面室で体重を計る

風水のルールでは、美しさには光が必要。そのため薄暗い洗面室で体重を計っても、ダイエットなどの効果は出にくいと考えます。ヘルスメーターを使うのは明るい南の窓ぎわなどがベスト。難しい場合は洗面室の南側にヘルスメーターを置くか、中央に南に向けて置きます。室内の照明もできるだけ明るめに。

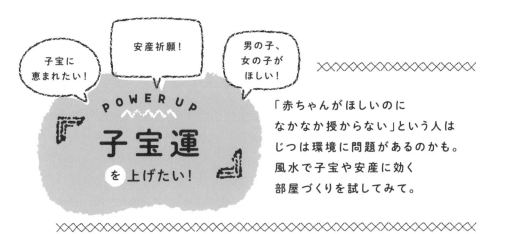

子宝に
恵まれたい！

安産祈願！

男の子、
女の子が
ほしい！

POWER UP
子宝運
を上げたい！

「赤ちゃんがほしいのに
なかなか授からない」という人は
じつは環境に問題があるのかも。
風水で子宝や安産に効く
部屋づくりを試してみて。

ACTION 1

性別に合った部屋を
寝室にする

男の子がほしい場合、寝室にするといい
のは北、東北、北西、東。直射日光があ
まり入らない、静かで落ち着いた方位が
向いています。ベッドの向きは東枕がベ
スト。
女の子がほしいなら、西、南西、南、東
南を寝室に。明るい日ざしがたっぷりさ
し込む方位が理想的です。ベッドは南枕
になるようにレイアウトして。

ACTION 2

寝室に色風水を
とり入れる

寝室の環境づくりにおすすめなのが色
風水。子宝運アップにおすすめのオレ
ンジ色でインテリアを整える方法で
す。寝室内で、子宝をあらわす北にオ
レンジ色、母性をあらわす南西にもオ
レンジ色、相続や跡継ぎをあらわす東
北にもオレンジ色を。カーテンなどに
とり入れても、雑貨や花をこの色にし
てもOKです。

NG
風水　寝室に大量の水がある

寝室に熱帯魚を飼う水槽を置いたり、ペットボトルの水をストックしたり
するのはNG。水のもつ作用で体が冷え、子宝運にも悪影響を及ぼしてし
まいます。花風水をするときも大きな花器ではなく、小さめの一輪挿しな
どにとどめてください。

ACTION 3

ざくろや桃の
オブジェを飾る

昔からざくろと桃は子宝や安産の象徴。寝室に飾れば子宝運アップに効果を発揮します。実物を飾るのは難しいので、オブジェや絵、写真などでOK。男の子が希望なら寝室の北側に飾り、東枕で寝ます。女の子が希望なら南枕にして、ベッドの両側に飾りましょう。

クール系の
寝室は
子宝運には×

身なりを
整えてから
お参りを

NG
風水　寝室が
モノトーンや
寒色系

これも水の作用と同様に体を冷やす原因に。クールな寒色系インテリアは寝室には向きません。左ページの色風水を参考に、寝室にはできるだけあたたかみのあるカラーを使いましょう。ベッドも陰の気が強い金属製は避け、木製を選んでください。

ACTION 4

オレンジ色を身につけて
神社に行く

子宝や安産祈願で神社にお参りする人も多いはず。その際はあまりラフすぎず、少しきちんとした服装にして、子宝に効くオレンジ色を身につけましょう。ハンカチやアクセサリーなどの小物でもOK。生まれ年ごとの吉方位をネットで調べ、その方位の神社に参拝できると理想的です。

志望校に
合格させたい！

勉強に
集中して
ほしい！

得意科目を
伸ばしたい！

POWER UP

子どもの運

を上げたい！

勉強やスポーツを頑張る
お子さんを、風水でサポート。
その子のよさを思いきり
伸ばしてあげましょう。
食事にもラッキーフードをとり入れて。

ACTION 1

北で勉強する

北は落ち着いてコツコツとり組むパワー
をもつ方位。ここを勉強部屋にすると努
力家になり、頭のいい子に育ちます。北
以外の部屋で勉強する場合も、デスクを
北向きに置くのがおすすめです。ただし、
子どもが北に長くいると孤独な性格にな
りがち。部屋の東や東南に赤やピンクの
小物を置いて、元気なパワーと交際運を
高めてあげてください。

ACTION 2

文系は赤、
理系はグリーンを使う

文系科目を伸ばすには東のパワーが
必要。そこで東をあらわす赤を子ど
も部屋のインテリアに投入します。
デスクやベッドまわりにワンポイン
トで使えばOK。ベッドも東枕にし
て置きましょう。
理系科目に効くのは南のパワー。小
物は南をあらわすグリーン系でまと
め、ベッドは南枕に配置します。こ
れで理系のひらめきが得られるは
ず。

NG 風水 デスクの前に 窓や本棚がある

デスクを北向きにしても正面に窓や本棚があると
気が散ってしまい、勉強に集中できません。デス
クの前は何も貼っていない壁がベスト。デスク上
もスタンドと筆記用具だけを置き、ごちゃごちゃ
させないのが理想です。

ACTION 3

スポーツの道具は東側に置く

スポーツや体力、活発さなどをつかさどるのは東。クラブや部活で使うスポーツ道具は、子ども部屋の東側にまとめて置くと、保管中によいパワーを吸収できます。特に男の子は東北、女の子は東南に置くとよいです。朝練などで早起きしたいときは東枕で寝るのもおすすめ。

子ども部屋の
真ん中で
集中力アップ！

ACTION 5

根菜を食べる

大根やかぶ、にんじん、ごぼうなど、大地の中ですくすくと育つ根菜には「根気強さ」のパワーがいっぱい。コツコツとねばり強く頑張る力をつけてくれます。子どもの勉強運のほか、仕事運を上げたい人にもおすすめです。

ACTION 4

受験直前は部屋の中央で勉強する

いよいよ受験本番が近づいてきたら、勝負運アップの風水を。デスクを部屋の真ん中に移動させ、南向きに置いて集中力を高めましょう。両脇にゴールドの飾りをつけた観葉植物を一対置くと効果的です。

お弁当にも
根菜を
たっぷりと♪

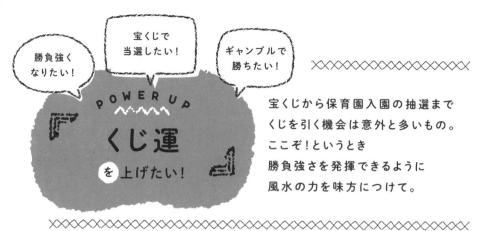

勝負強く
なりたい！

宝くじで
当選したい！

ギャンブルで
勝ちたい！

POWER UP
くじ運
を上げたい！

宝くじから保育園入園の抽選まで
くじを引く機会は意外と多いもの。
ここぞ！というとき
勝負強さを発揮できるように
風水の力を味方につけて。

ACTION 1

南に一対の植物と スタンドを置く

くじ運やギャンブル運アップに必要なのは、直感力とインスピレーション。この2つを左右する方位は南です。そこで観葉植物とスタンドをそれぞれ一対にして、部屋の南に飾ってみて。植物には赤いオーナメントを2～3個吊るすと効果がアップします。スタンドのシェードはグリーンやオレンジ色がベスト。

ACTION 2

西に黄色、白、 少しの赤を飾る

「西に黄色と白」は金運アップの定番テク。くじ運を高めたい場合は、これに少量の赤をプラスしてください。赤には勝負運があり、たくさん使うと落ち着きのない部屋になりがちですが、ポイント使いをすると、ここ一番というときに力を発揮できます。

ACTION 3

宝くじは にぎやかな場所で買う

ラッキーな宝くじ売り場の条件は、人通りが多いこと。人が集まる場所には「龍脈」という運気のエネルギーが流れているからです。ただし狭くてゴミゴミした場所はNG。空が開けていてきれいな通りを探しましょう。売り場では太陽に背を向けて買うと当たりやすくなるので、窓口が北を向いている売り場は避けたほうが無難です。

ACTION 4

えび、かに、根菜を
食べる

えびやかになどの甲殻類はインスピレーションを高めてくれる食材。くじ引きやギャンブルの直前に食べるのがおすすめです。ねばり強く続ける力をもつ根菜にも勝負運を高めるパワーがあるので、大根、ごぼう、にんじんなどをたっぷり食べて勝負に臨みましょう。

くじは
買ってからの
保管がキモ！

NG 風水 買った宝くじを 放置する

リビングなどにポイッと放置した宝くじは当選しません。家の北や中央にある家具やクローゼットの中に、ワインレッドやラベンダー色の布や箱に入れて保管するのが正解です。こうすると抽選日までの間によい運気が宿り、当たりやすくなるはず。ほかのくじの場合も同様です。

ACTION 5

ラッキーナンバーを
生かす

誕生日の日付は、あなたにとってラッキーナンバー。たとえば3月25日生まれなら3、2、5がラッキーナンバーなので、数字を選ぶくじや馬券などを買うときに応用してください。また、風水で強いパワーをもつとされる数字は1、8、11、31、33、55、58、65、71、82、85、88。誰にとってもラッキーなので、こちらもぜひ参考に。

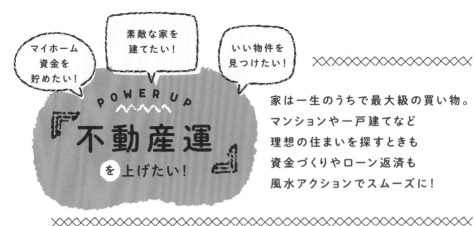

マイホーム資金を貯めたい！

素敵な家を建てたい！

いい物件を見つけたい！

POWER UP

不動産運 を上げたい！

家は一生のうちで最大級の買い物。
マンションや一戸建てなど
理想の住まいを探すときも
資金づくりやローン返済も
風水アクションでスムーズに！

ACTION 1

東北に白＋黄色の ものを飾る

理想のマイホームを手に入れるには、今住んでいる家の不動産運をアップさせるのが先決。なかでも鬼門と呼ばれる東北が、その家の不動産運を大きく左右します。
ラッキーなのは、東北に大きめの家具を置いて、白と黄色のインテリア雑貨や花を飾ること。白は不動産運、黄色は資金づくりのための金運を高めてくれます。マイホームを手に入れたあとも続けると、将来のローン返済がスムーズになります。

ACTION 2

東のパソコンで 物件を探す

東はいい情報がタイムリーにやってくる方位。不動産情報を検索するパソコンは東に置くのが正解です。スマホで調べるときも東を向くのがおすすめ。住宅雑誌やハウスメーカーのパンフレットなども東にまとめておき、さらに東南に観葉植物を飾ると、信頼できる不動産業者やメーカー担当者と出会えます。

ACTION 3

南西にピンク＋黄色 の花を飾る

南西に宿っているのは大地のパワー。特にこれから家を建てる人、一戸建てに住みかえる人は、ぜひ南西の運気を高めてください。おすすめは南西にロータイプの家具を置き、そこにピンクと黄色の花を飾る風水。花器は土をイメージさせる素焼きタイプで、白いレースのクロスを敷くと完璧です。

東北は新しい家を探すためのアクティブなパワーをもつ方位。反対側の南西（裏鬼門）には、自分に最適な物件かどうかをしっかり見きわめる根気強いパワーがあります。

この東北〜南西を結ぶラインに汚れなどのダメージがあると、不動産運が下がってマイホーム計画が難航しそう。特にキッチン、バス、トイレなどの水回りがあるお宅では、掃除を欠かさず、盛り塩で清めるのがベストです。

家の"格"が
ローン返済にも
影響大

ACTION **4**

グリーンのものを 飾る、食べる

青々とした大地を思わせるグリーンには不動産の運気があふれています。ぜひ部屋に飾ったり食べたりして、目からも体の中からも不動産運を高めましょう。

飾るのはグリーンの雑貨のほか、観葉植物もおすすめ。白や黄色の花が咲くタイプなら、マイホームの資金計画にもいい影響が期待できます。

食べるといいのはグリーンの葉物野菜。小松菜やほうれんそう、チンゲンサイなどをたっぷりと。

NG 風水 中心や北西の部屋 が散らかっている

8方位の中でも格の高い家の中心や北西は、将来の暮らしぶりに大きくかかわる方位。ここが汚れていたり散らかっていたりすると、これからスタートするローン返済が心配です。北西にはチェストなどの大きめの家具を置き、持っているならブランド品の服やバッグなどを収納しましょう。これで北西の格が上がり、将来のローン返済も安心。

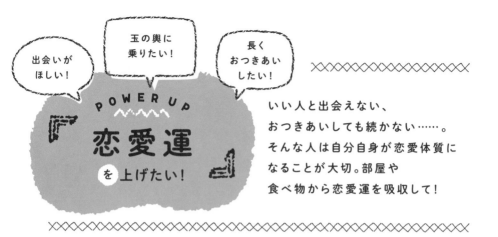

出会いが
ほしい！

玉の輿に
乗りたい！

長く
おつきあい
したい！

POWER UP
恋愛運
を上げたい！

いい人と出会えない、
おつきあいしても続かない……。
そんな人は自分自身が恋愛体質に
なることが大切。部屋や
食べ物から恋愛運を吸収して！

ACTION 1
4色の花を
東南か南に飾る

恋愛運に効く花風水は、ピンク、赤、黄色、白が基本。この4色にワインレッドやラベンダー色、ブルーなどを加え、部屋の東南か南に飾りましょう。スタンドを添えれば、さらにパワーアップ。花は茎や花びらが長いタイプがおすすめです。特にラベンダー色やブルーの花には「だまされない」パワーがあるので、おつきあいで悩んでいる人はぜひとり入れて。

ACTION 2
自分の金運を高める

玉の輿に乗るためには、まず自分の金運を高めることが先決。そこで「西に黄色」などのインテリア風水を行い、ファッションや小物にも黄色、白、ゴールドを使って、自分自身に金運を蓄えておきましょう。光沢のある素材やラベンダー色のファッションアイテムにも金運を呼ぶパワーがあります。

 **寒色系インテリア**

恋愛運を高めたいなら、寒色系やモノトーンのインテリアは避け、あたたかみのある暖色系に。花柄やストライプが最適ですが、すべて柄物にすると陰陽バランスがくずれるため、カーテンを花柄にしたらベッドカバーは無地にすると、陰陽のバランスがとれます。

ACTION 3

風に揺れる
アイテムを使う

良縁を引き寄せるには、フレアスカートや長めのネックレス、たれ下がるピアスやイヤリングなど、風に揺れるデザインが◎。服の素材もシフォンなどのエアリーなものがおすすめです。タイトスカートやパンツを履くときはスカーフをプラスしましょう。

ACTION 4

長いもの、白いものを
食べる

理想の相手との縁を結んでくれるのは、長い食べ物。パートナーがいない人はパスタなどの麺類、うなぎやさんま、長いものなどを積極的に食べましょう。おつきあいが始まったら白い食べ物にチェンジ。豆腐や白菜、シチューなどを食べると二人の愛が深まります。願望が高まってきたら、丸餅やかぶなどの白くて丸いものが結婚運を高めてくれます。

ACTION 5

太陽を背にして
待ち合わせる

気になる人と外で待ち合わせをするときは、太陽が背になる立ち位置を選びましょう。良縁の相手は太陽に向かってやってくるもの。反対に、いつも太陽に背を向けている男性はダメ男のおそれあり！

パートナーは
光をめざして
やってくる！

Dr. コパからあなたへ
開運メッセージ

その
2

⌐ 幸せは毎日コツコツ積み上げるもの ⌐

　住まいは光や風など自然環境を受け入れる空間です。住まいがみなさんの人生に大きく影響を与えることは納得していただけるはず。また、私たちは毎日着る服にも、食べる食事にも影響されます。たとえば食事では、食材や味つけなどの料理自体にも影響されますし、さらに料理を作るキッチンがどこにあるのか、どんなキッチンなのかによっても、吸収できるパワーが違ってくるのです。

　私たちが送っている日常生活のすべてを、幸せになるためのアクションと考えてみてください。朝起きて窓を開け、風を入れるのも開運アクションですし、食事を作って食べるのも、歯を磨くのも、テレビやスマホを見るのも、風水を意識すればすべて開運に結びつくアクションになるのです。

　つまり、幸せになることは、毎日簡単にできることの積み重ねなのです。これが、風水が支持される大きなひとつの理由。毎日の生活の中のなにげない行動で、幸せをつくり上げることができるのです。

PART 4

幸運を呼び込む
「開運収納」と
「開運インテリア・
アイテム」。

運が上がる
家具とインテリアを選ぼう

開運する3つのポイント

POINT
1

かなえたい
夢で選ぶ

テーブルやベッドなどの家具は、間取りと同じくらい住み手の運気を左右します。そのため、家具やインテリアを選ぶときは、価格やサイズだけでなく、まず自分や家族がかなえたい夢や目標を考えてみましょう。

たとえば恋愛運を上げたいなら、モノトーンや寒色系インテリアではなく、暖色系の色やあたかみのある素材の家具のほうが効果的。出世をめざすならダークブラウンの重厚な家具を使う、金運アップが目的なら黄色のソファを西の部屋に置くなど、目的に合わせてインテリアを整えましょう。

家具やインテリアには、方位のもつ運気をアップさせる色や形、素材などがあります。たとえば東のもつ仕事運や健康運を高めるのは、明るい色の家具やビビッドな色のファブリック。東北のもつ不動産運を高めるのは、白くて四角い収納家具。南のもつ美容運やくじ運を高めるのは、ピカピカ光るスチールを使った家具というように。このように家具やインテリアを選ぶときは、部屋のある方位によってこのルールを応用するのもいいでしょう。くわしくはP.78〜79を参考に。

POINT
2

置きたい
方位で選ぶ

POINT 3

陰陽のバランスを考えて選ぶ

陽のインテリア

白	木の色	ベージュ	茶色

赤	黄色	オレンジ色

- 合板や無垢材などの木質系
- 直線的で力強いデザイン
- 明るい直接照明
- 柄物のファブリック

陰のインテリア

グレー	黒

ブルー	グリーン

- ステンレスなどの金属、大理石などの石
- 曲線のやわらかなデザイン
- スタンドなどの間接照明
- 無地のファブリック

一般的にインテリアは同じテイストで統一するほうがいいように思われますが、風水ではそうではなく、異なる色、形、素材の家具やファブリックを組み合わせることで陰陽のバランスをとります。

たとえば室内のメインカラーがベージュなら、ブルーやグリーンをワンポイントに使う、カーテンが柄物ならシーツを無地にする、直接照明と間接照明を組み合わせるなど。家具だけでなく、飾る小物やインテリア雑貨に陰と陽の色やデザインをとり入れてもOKです。

陰陽のバランスがとれた部屋は気の流れがよく、住む人の心や体もバランスのいい状態になります。一方、陰に偏りすぎた部屋では精神的に落ち込む、陽の気が強すぎる部屋では落ち着きがなくなるなどの悪影響が出るおそれがあります。

POWER 家具のもつパワーを知ろう

POWER

ソファの

もつパワー

家庭運や交際運、金運を左右。
自分たちの生活レベルに
見合うものがベスト

POWER UP

✓ **カジュアルな布張りソファ**
→ 家庭運がアップし、家族のきずなが深まる

✓ **リビングの雰囲気に合った革張りソファ**
→ 社交上や対外上のことを重視したい人に向く

✓ **複数のソファの色柄を統一する**
→ リビングの気の流れが安定する

POWER DOWN

✓ **リビングの雰囲気に対して重厚すぎるソファ**
→ 生活レベルが下がってしまう

✓ **リビングの広さに対して大きすぎるソファ**
→ ソファが家の主になる

✓ **安物のソファ**
→ 人間関係が狭くなる

✓ **まだら模様の革張りソファ**
→ 仕事運や家庭運がダウンする

✓ **ソファベッド**
→ 金運や財運がダウンする

あたたかみのある暖色系の張り地は、北のリビングに向く。派手なものを思いきって使うと、財運や子宝運がアップする。

カジュアルなベンチを使うなら東南がおすすめ。花柄のクッションをプラスすると、女性の運気アップに効果的。

南や東南のリビングでは籐のソファがベスト。籐のような長いものには縁を深める効果があり、家族の交際運がアップする。

金運をアップするには、黄色や山吹色のソファを西に置くと効果大。クッション性にすぐれた座り心地のいいものがベスト。

落ち着いたインテリアが合う南西には、茶系のソファがおすすめ。家族用のリビングなら厚手の布張り、ゲスト用なら革張りに。

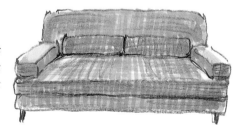

POWER ダイニングテーブル &チェア の もつパワー

健康運や家庭運にかかわり、
食事からパワーを
得るために重要

POWER UP ↗

- ✓ **正方形、長方形、八角形で4本脚のテーブル**
  - ➡ 安定感のある家族になれる。八角形なら1本脚でもOK

- ✓ **無垢材のテーブル&チェア**
  - ➡ ダイニングに日が当たらなくても、自然界のパワーを吸収できる

- ✓ **座面がゆったりした布張りチェア**
  - ➡ 家庭運がアップして家庭円満になる

- ✓ **白や淡いカラーの花を3輪使ったフラワーアレンジ**
  - ➡ どの方位のダイニングでも運気がアップする

POWER DOWN ↓

- ✓ **小さな円形テーブル**
  - ➡ 発展性がなくなるおそれがある。円形なら直径1.2m以上の無垢材のものを選ぶこと

- ✓ **ビニールのテーブルクロス**
  - ➡ 家具のもつよいパワーを吸収できなくなる

東北のダイニングに光沢のある白い角テーブルを置くと、鬼門の凶作用を抑えられる。親が座るチェアはひじかけつきがおすすめ。

ダークブラウンの無垢材を使ったテーブル&チェアは、どの方位で使ってもOK。落ち着いた雰囲気が金運を高めてくれる。

木目がきれいなパイン材の家具には陽の気があふれ、家庭運アップに効果的。花柄のクッションをプラスするとベター。

西や北西のダイニングでは、こげ茶の無垢材を使った大きめのテーブルがよい。白いクロスを部分的にかけ、フルーツを飾ると金運がアップ。

小さな円形テーブルはNGだが、楕円形はバランスのとれた開運フォルム。家族のバランス感覚も高まる。

南のダイニングでは籐や無垢材が◎。クロスに赤などの派手な色をポイント的に使うと、勝負運やギャンブル運がアップする。

あたたかみのある色や素材なら
家庭運が上がり、
家族が自然と集まる

POWER UP

✓ **木目のきれいなテーブル**
→ どの方位のリビングにも向く。クロスをかけずに木の質感を楽しむのが◎

✓ **長方形のテーブル**
→ 長い辺を東西にして置けば、子どもが元気に育つ

POWER DOWN

✓ **ガラスや大理石のテーブル**
→ 過去の栄光にこだわり、出世と無縁になるおそれがある

✓ **ガラス+スチールのテーブル**
→ ガラスや金属部分がくもっていると、自分自身の輝きも失われてしまう

無垢材の正方形のテーブルを使うと、家族円満に過ごせる。シンプルでも質の高い一生ものを選ぶのがおすすめ。

北のリビングには、大きめサイズで長方形のテーブルがGOOD。木を使った落ち着いたデザインが家庭運を高める。

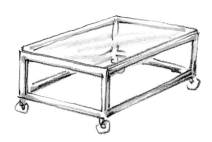

ガラス製のテーブルを使うなら、日当たりのいい場所に置き、クロスをかけたり、下に観葉植物を置いてダメージをカバーする。

リゾート風の籐のテーブルは、南や東南のリビングに置くと交際運がアップし、来客の多い家になる。

ベッド の

もつパワー

大地のパワーを吸収できると健康運、仕事運がアップ

POWER UP ↗

✓ **ナチュラルな木質系のベッド**
→ 自然界のパワーにあふれ、どの方位の寝室でも健康運がアップする

✓ **ヘッドボードがゆるやかな曲線のベッド**
→ 中年以降に人生のピークを迎えられる。若い人なら急な曲線の山型でもよい

✓ **ヘッドボードが直線的なベッド**
→ 単調な人生になりがちだが、今が幸せならOK。年配者にも向く

POWER DOWN ↓

✓ **パイプベッド**
→ 陰の気が強く作用してしまう。使う場合は、パイプに暖色系のリボンを結んで陽の気を加えること

✓ **寝室の広さに対して大きすぎるベッド**
→ 部屋の陰陽のバランスがくずれてしまう

引き出しつきのベッドは、しまったものにもよいパワーが宿る。ただし引き出しの湿気対策には気をつけること。

東の寝室ではシンプルなベッドが◎。ブルーのベッドカバーを使うと健康運が上がる。その場合はカーテンを暖色に。

無垢材のベッドからは陽のエネルギーをとり込める。ヘッドボードが山型なら新婚カップルにぴったり。

北西の寝室には木製のどっしりとしたタイプが◎。色は落ち着いたこげ茶がよく、ベッドカバーはベージュかグリーンに。

POWER キッズファニチャー の もつパワー

幼稚ではない質のいい家具が子どもの運気を伸ばしてくれる

POWER UP ↗

- ✓ **シンプルな木製のデスク**
- ✓ **落ち着いた張り地のチェア**
  - → 方位や性別を問わず、どの方位の子ども部屋にも向く

POWER DOWN ↓

- ✓ **キャラクターがプリントされたデスク**
  - → 長く使えないためNG。高校生になっても使えるものを選ぶこと
- ✓ **スチール製のデスク**
  - → 陰の気が強いため、できれば避ける
- ✓ **本棚つきのデスク**
  - → 座った正面の本は立てて置かず、寝かせておく

東南の子ども部屋なら、デスクやベッド、本棚はアーリーアメリカンな雰囲気の家具でコーディネートするとよい。

東の子ども部屋では子どもらしい派手な色の家具でもOK。遊び道具をしまう棚を赤にすると、元気に育つ。

子どもによい運気をもたらすのはシンプルな木製デスク。成長しても使える大きめサイズで、チェアの素材はデスクとそろえる。

チェアのシートが派手な色だと勉強に集中できなくなる。おすすめなのはグリーン。男の子ならブルーも◎。

ファブリックのもつパワー

POWER

色柄に意味があり、
部屋の運気を大きく左右する

POWER UP

- ✓ **ストライプのファブリック**
  - → 縦に長い柄は、人とのいい縁を結んでくれる
- ✓ **暖色系の花柄ファブリック**
  - → 強い陽の気が宿っているため、日当たりの悪い部屋に最適
- ✓ **無地のベッドカバー＋柄物のカーテン**
  - → 事業運がアップする
- ✓ **柄物のベッドカバー＋無地のカーテン**
  - → 才能を生かした仕事をしたい人に向く

POWER DOWN

- ✓ **黒やグレーのファブリック**
  - → 面積の大きいファブリックに黒を使うと、陰の気が強く作用する
- ✓ **横縞のカーテン**
  - → 「頭打ち」を意味するので、避けたほうが無難

黄色のカーテンを西にかければ金運がアップ。落ち着いた雰囲気の黄色なら、ほかの方位で使っても。

寝室ではカーテンとベッドカバーの相性が大切。柄物と無地を組み合わせてバランスをとる。

東に向くのは、ブルー地に金糸で刺繍を施したクラシックなカーテン。仕事運や健康運を高めてくれる。

リビングのカーテンを無地やカジュアルなデザインにすると、交際運がアップ。レースとドレープの二重吊りは避ける。

やさしいグリーン系のカーテンは南の部屋に最適。大柄より小さな柄のほうがよく、狭い部屋でも圧迫感がない。

照明器具の もつパワー

部屋の陰陽に大きく作用し、ダメージをカバーしてくれる

POWER UP

✓ **天井照明+スタンドの組み合わせ**
→ ひと部屋に複数の照明を置くと陰陽のバランスがとれる

✓ **スポットライト**
→ 照らした部分の運気がアップ。ダメージが気になる場所に設置するとよい

✓ **南に一対のスタンド**
→ 美や直感力が高まる。一対の観葉植物と組み合わせると、さらにパワーアップする

POWER DOWN

✓ **光量の少ない照明**

✓ **天井づけのシーリングライトのみ**
→ 暗い場所が多いと、陰の気が強い部屋になる。特に水回りはできるだけ明るくするのが鉄則

花のつぼみをイメージしたスタンドは、恋愛運を高めたい女性に最適。東南や北に置くとよい。

丸いスタンドを北西に置くと、仕事運や夫婦の愛情運がアップする。シェードは乳白色がおすすめ。

不動産運や財運アップを望むなら、四角いスタンドを東北に置く。白い和紙のシェードがベスト。

東の窓から朝日がさし込まないなら、部屋の東にスポットライトを当てて陽の気をプラスする。シェードは赤やブルーが◎。

金運アップに効くのは山吹色のスタンド。無駄づかいを抑えたい人には、黄色にブルーが少し入ったチェックのシェードが効果的。

絵、鏡、食器 の もつパワー

モチーフや形によって 吉凶の強い作用が生まれる

POWER UP ↗

✓ **方位に合った絵**
→ 西には黄色い果物の絵、南には南国や夏の風景画、東には朝日の絵、北には船や川、ざくろなどの絵がよい

✓ **大木の絵やタペストリー**
→ 家の中心に飾ると大黒柱のかわりになる

✓ **鏡**
→ 欠けた場所のダメージをカバーし、運気を高める効果がある

POWER DOWN ↓

✓ **暗い雰囲気の絵**
→ 絵には部屋のもつ運気を一変させるパワーがあるため、悪影響が心配

✓ **人物画**
→ 絵がその部屋の主人になってしまう

✓ **テイクアウト用の食器**
→ テイクアウトした容器のまま食べると金運がダウン。必ず手持ちの食器に移しかえること

玄関ドアを開けて左側に円形や八角形の鏡をかけると、お金に不自由しない家になる。右側にかければ出世運や交際運に効果的。

リビングに山の絵を飾ると、金運や財運に恵まれた家族になれる。ただしポスターはNG。

花や果物の絵は、どの方位の部屋でも開運アイテム。西の部屋なら黄色いバラやフルーツの絵＋ゴールドの額がベスト。

家族の運気アップには、ざくろや桃、橘などのフルーツ柄、三柑柄の食器を使うと、金運、財運、交際運アップ。

東の部屋にはりんご、子ども、朝日、楽器、スポーツ、赤やブルー系の絵を。西には柑橘系の果物、夕日、黄色やピンク系の絵を。

花・観葉植物 の

もつパワー

すべての部屋で
効果を発揮する
最強のラッキーアイテム

POWER UP ↗

✓ **玄関に花、観葉植物**
→ 幸運の入り口である玄関にはマスト。花器や鉢はカウンター上に直接置かず、クロスを敷くこと

✓ **方位に合った花器、鉢カバー**
→ 南の部屋ならガラスや金属製、南西なら土もの、東北なら白くて四角いもの、東や東南ならかごがGOOD

✓ **方位に合ったフラワーアレンジ**
→ 北の部屋に飾る花は背を高く、北西は丸くこんもりと、西は横広がりのイメージでアレンジすると、方位のパワーを高められる

POWER DOWN ↓

✓ **造花、アートフラワー**
→ 生花よりパワーが弱い。飾るときは生花より本数を多くして、ルームフレグランスで香りを補う

✓ **枯れた花、鉢植え**
→ 枯れたまま放置した植物は凶作用が大。すぐに片づけること

✓ **南に大きな花器**
→ 火の気をもつ南に大量の水を置くと、イライラやケンカの原因になる。置くなら小さな花器を選ぶこと

健康運や不動産運を高めるには、東北に観葉植物を飾る。大きな葉物を白くて四角い鉢に植えるのがおすすめ。

電子レンジの近くに小さな観葉植物を置けば、家庭不和やイライラ、無駄づかいの悩みから解放される。

子宝運アップにはざくろ（造花でOK）を加えたアレンジが効く。花はオレンジ色がよく、花器は小さめに。

窓のないトイレは、ラベンダー色の花か、観葉植物にラベンダー色のリボンを結んで飾ると、健康運へのダメージを抑えられる。

家族それぞれのイメージの植物をひとつの寄せ植えにすると、家族のきずなが深まる。鳥のオーナメントをプラスするとベター。

美容運アップには、南に一対の観葉植物を飾る。間にヘルスメーターを南向きに置けば、理想の体に近づく効果が高まる。

POWER 家具、インテリアで 方位のパワーを高めよう

北 の 部屋

- 角型のがっしりしたテーブル
- ソファやチェアは
  派手でもOK
- 暖色を使って
  運気の冷えを防ぐ

東北 の 部屋

- 白い塗装か白木の家具
- 四角いデザインの
  収納家具やテーブル
- ホコリが目立つことで
  掃除する習慣がつく

東 の 部屋

- 明るい色か、パイン材など
  木目のはっきりした家具
- アメリカ製の輸入家具
- 年配者の部屋では
  派手な柄物を避ける

東南 の 部屋

- カジュアルな雰囲気の家具
- 木質系
- ラタンのソファやチェア＋
  花柄のクッション

南 の 部屋

- 明るい色の無垢材か
  白のテーブル
- 落ち着いたグリーンか
  ベージュのソファ
- 派手な色を使うと
  才能を発揮できる

南西 の 部屋

- 厚手の布製ソファ
- 来客が多いなら
  革張りソファでもOK
- 金属のハンドルつき
  木製の収納家具

西 の 部屋

- ダークブラウンの収納家具
- 革張りか、茶系、ベージュ、
  白、黄色のソファ
- 木製のセンターテーブル

北西 の 部屋

- 重厚な木製の収納家具
- 落ち着いたベージュや
  グリーンのソファ
- 夫専用のデスクや収納家具

運が上がる
収納を実践しよう

開運する3つのルール

RULE 1
収納スペースは床面積の 1/10を目安に

陽のスペース

●LD　●寝室
●子ども部屋　●和室
など

陰のスペース

●納戸　●押入れ
●クローゼット
など

陽 ： 陰 の面積＝9：1がベスト

　風水ではリビングや寝室などの居室を「陽のスペース」と考え、ここを吉相にするためのルールに「陽基論」を、納戸やクローゼットなどの収納スペースを「陰のスペース」と考え、ここを吉相にするためのルールに「陰宅論」を応用します。

　風水はこの陽基論と陰宅論が組み合わさることで、最大の威力を発揮します。つまり、居室の風水だけでなく、収納の風水も同じくらい重要ということ。特に大切なのは、居室（陽）と収納（陰）の広さのバランスです。

　ベストなのは陽：陰＝9：1。つまり納戸やクローゼットなどの収納スペースは、家全体の面積の10分の1くらいあると開運しやすくなります。新築やリフォームの際、収納を必要以上につくるのはおすすめできません。

RULE 2

しまい込みすぎても散らかりすぎても×

しまい込みすぎる家

- 収納内に湿気がたまる
- 不用品が増える
- 室内が寂しい雰囲気になる

散らかりすぎる家

- 掃除が行き届かない
- 飾ったものがホコリをかぶる
- 探し物が増えてイライラしやすい

住まいや家族の運気がDOWN

　室内にものが出ていない家は、すっきり見える半面、陰の気が強く作用するおそれが。家族の会話が減ったり活気がなくなったりと、家庭運がダウンしやすくなります。また、ものをしまい込みすぎると収納スペースをチェックする機会が減り、たまった不用品が住まい全体のパワーを下げてしまいます。

　一方、汚れを嫌う風水では、室内の散らかりは厳禁。家族がイライラしやすくなるうえ、せっかく飾ったラッキーアイテムも、ホコリをかぶっていたら効果を発揮しません。すべてしまい込む必要はありませんが、掃除がしやすいよう、常に片づいた状態をキープしましょう。

RULE 3

適度にものが出ている家がよい

　風水でベストなのは「すっきり」と「にぎやか」のバランスがとれている家。適度にものが出ている部屋は、見た目にもにぎやかで活気がみなぎり、家族もエネルギッシュで明るいキャラクターになれます。

　特におすすめなのが、オープンシェルフやガラス扉つきのカップボードなど、しまったものが見渡せる収納。中身が見えるときれいに整理しようという意識が生まれ、不用品が

たまるのも防げます。

　さらに、中にしまうもので方位のパワーを上げることもできます。西なら黄色いもの、東なら赤やブルーのものなど、収納家具を置いた方位のラッキーカラーアイテムを見えるように収納すると、その方位のパワーをアップさせることができます。ただし、キッチンや玄関などの汚れやすい場所では、扉つき収納のほうがベターです。

開運する 収納スペースのつくり方

NORTH 北の収納 — 財運が育つ環境をつくろう

置くとよい家具 木目調のどっしりとした家具

しまうとよいもの

恋や勉強に関するもの	ピンクやオレンジ色のもの	印鑑、通帳、財布	宝くじ、懸賞ハガキ

ホコリがなく片づいていれば、精神的に落ち着いた家庭になれる。北には貯めるパワーがあるので、お金や宝くじ、懸賞に関するものを収納すると、貯蓄運、くじ運、懸賞運がアップ。反対に、この方位にふさわしくない、火のパワーをもつストーブなどをしまうと、安定感に欠けた家になるおそれがあるので避けること。

EN 東北の収納 — 白をベースに清潔感をキープ

置くとよい家具 四角い家具

しまうとよいもの

子どものおもちゃ、洋服	バッグ	本	スポーツ用品（男性、男の子）

収納をつくるといい方位だが、常にきれいに保つことが条件。汚れていると健康面やケガなどが心配。子どもにも悪影響を及ぼすため、常にきれいに整理整頓しておくことが大切。ウォークインクローゼットや納戸があるなら、白い布やレースなどを内部に吊るして、扉を開けても中がまる見えにならないようにするとベター。

EAST
東の収納 ラッキーカラーで健康運ダウンを防止

置くとよい家具 ポップなデザインの家具

しまうとよいもの

CD、レコード　　　電化製品　　　カー用品、楽器　　　時計

東に収納スペースがあると朝日がさし込みにくくなるため、家族の元気や気力がなくなりがち。収納内をきれいにし、ラッキーアイテムを収納することでパワーダウンを防いで。東の太陽パワーを補うために、家具や収納グッズなどに赤い色をアレンジするのもよい。しまったものに赤い布をふわっとかぶせておくだけでもOK。

ES
東南の収納 収納内の風通しが最大のポイント

置くとよい家具 明るいカラーの家具

しまうとよいもの

香水、化粧品　　　籐のバスケット　　　スポーツ用品（女性、女の子）　　　扇風機

東南ではにおいと風通しに気をつけるのが鉄則。湿気やカビくささを防ぐため、扉をこまめに開けて風をしっかり通すこと。本来、東南には窓があって、そこからさわやかな風や光が入るのがベストだが、収納があるとそれができないため、風、光、香りをイメージさせるものをしまっておくとよい。収納ボックスは籐を編んだものがベスト。

南の収納　光る素材が「美」や「才能」に効果あり

置くとよい家具　ステンレスやガラスを使った家具

しまうとよいもの

| 照明器具 | グラス類 | 化粧品 | 靴やメガネなど 2つで1組のもの |

才能運や美容運、人気運とかかわりの深い南では「輝き」が方位のパワーを高めてくれるので、家具のハンドルやガラス部分は常に磨いてピカピカに。収納家具をライトで照らしたり、クローゼット内を明るくするのも◎。水とは相性が悪いため、水槽や大きな花瓶など、たっぷりの水をイメージさせるものは収納しないこと。

✕✕✕✕✕✕✕✕✕✕✕✕✕✕✕✕✕✕✕✕✕✕✕✕✕✕

南西の収納　女性に関するものをしまうと家庭運がアップ

置くとよい家具　ゴールドやシルバーのハンドルつき家具

しまうとよいもの

| 女性の持ち物 | 布製品、紙製品 | 野菜や草原をイメージするもの | 壺や茶碗などの陶器 |

南西は家庭運や家族の根気強さに影響する大切な方位なので、きれいに保つよう心がけて。汚れた収納があると、家族がだらけがちになるので要注意。大地をイメージさせるものをしまうと女性の運気がアップし、精神的な安定も得られる。特に女性の持ち物をしまうのにも向いている。土ものの器を持っているなら、南西にしまったり飾ったりするのがおすすめ。

PLAN 西の収納　お金や人生の楽しみにかかわるものをしまう

置くとよい家具　木目がきれいな鏡面仕上げの家具

しまうとよいもの

食器、ステンレス製のもの　ブランド品、アルバム　化粧品　財布

西は収納家具を置くのに適した方位。光沢のある木製の収納家具を置き、内部をきれいに整えていれば、家族がお金に不自由することはないはず。特に黄色いものをしまうと金運アップに効果があるため、収納内でも黄色い袋やボックスなどを使うとGOOD。窓のない部屋ではラベンダー色の収納グッズを使うと、厄落としの効果がある。

PLAN 北西の収納　事業の成功や大きな勝負ごとをつかさどる

置くとよい家具　高級感のある木目の家具

しまうとよいもの

夫の持ち物　家族のアルバム　親から譲り受けたもの　ブランド品

男性や一家のあるじの運気をつかさどる方位なので、夫専用の収納があればベスト。家族に関するもの、親や先祖から受け継いだものを保管するのにも向く。どっしりとした収納家具を選び、そばに白くて丸い照明を置いたり、白い箱型のボックスを使って整理するのも◎。どちらも男性の運気や事業運アップに効果的。

PLAN 家の中心 の 収納

大きな夢を育ててかなえるために大切なスペース

置くとよい家具　どっしりとした茶系の家具

しまうとよいもの

| 一家の夢をあらわすもの | 金庫 | 宝くじ | 通帳、印鑑、証書類 |

家の中心は住まい全体の気が集中するパワーの強い場所なので、財産にかかわる大切なものをしまうのに最適。ラッキーゾーンにも鬼門ラインにも含まれることから、清潔に保つことが一番のポイントになる。必要のないものはしまわず、きちんと整った状態を保つこと。扉は閉めっぱなしにせず、こまめに開けて換気を。

PLAN ラッキーゾーン の 収納

玄関のラッキーアイテムも一緒に収納するとよい

置くとよい家具　ラッキーゾーン終点の方位に合った家具

しまうとよいもの

| 方位に合ったカラー、アイテム | 玄関のある方位に合ったカラー、アイテム |

ラッキーゾーン（P.161参照）は玄関から始まる帯状のゾーンで、幸運の通り道とされている。ここに散らかった収納があると、玄関から入った幸運がストップ。反対に収納内が片づいていて、その方位のラッキーアイテム＋玄関のある方位のラッキーアイテムがしまわれていると、家の奥までしっかりと幸運を引き込むことができる。

収納アイテムの選び方と 開運収納テクニック

ITEM カップボード

食器に太陽のパワーを
吸収させるとベスト

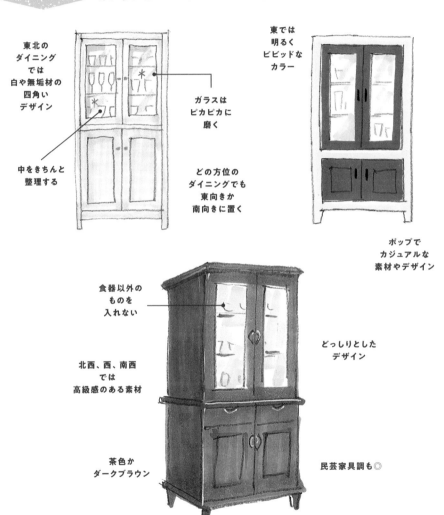

東北の
ダイニング
では
白や無垢材の
四角い
デザイン

ガラスは
ピカピカに
磨く

中をきちんと
整理する

どの方位の
ダイニングでも
東向きか
南向きに置く

東では
明るく
ビビッドな
カラー

ポップで
カジュアルな
素材やデザイン

食器以外の
ものを
入れない

北西、西、南西
では
高級感のある素材

どっしりとした
デザイン

茶色か
ダークブラウン

民芸家具調も◎

食器をしまうカップボードは、扉が東向きになるよう西に置くか、扉が南向きになるよう北に置くと、しまった食器に太陽のパワーが宿ります。その配置が難しいときは、内部に照明がつくタイプで陽の気を補いましょう。ガラスや取っ手をこまめに拭くこと、食器以外のものを入れないことも、運気アップのコツです。

日の当たらない場所に置き、お酒の保管は避ける

重厚感のある
タイプは
LDの
北か西に置く

グラスや
カップは
日常使いする

暗いリビング
では
照明つきが◎

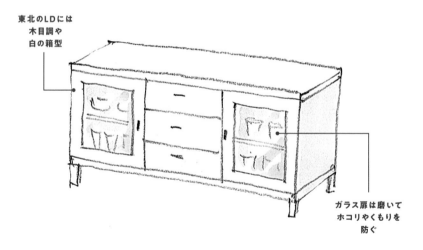

東北のLDには
木目調や
白の箱型

ガラス扉は磨いて
ホコリやくもりを
防ぐ

サイドボードは直射日光の当たらない場所に置くのがベスト。ただし周囲が暗すぎる場合は、鏡面仕上げなど光沢のあるタイプや照明つきがおすすめです。

サイドボードにお酒を収納するのはNG。特に西にあると飲酒量が増え、北にあるとお酒が原因のトラブルを招きやすくなります。お酒は化粧箱に入れたまま、納戸などの暗くて涼しい場所に保管を。凶作用を清めてくれる日本酒はキッチンに置くとよいでしょう。

テレビ
ボード

ナチュラルな素材で
陽のパワーをプラス

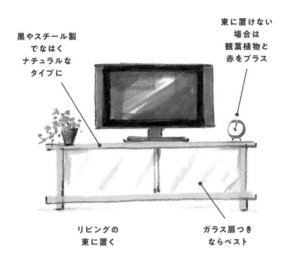

黒やスチール製
でなはく
ナチュラルな
タイプに

東に置けない
場合は
観葉植物と
赤をプラス

リビングの
東に置く

ガラス扉つき
ならベスト

テレビボードは陰の気が強いスチール製ではなく、木製などのナチュラルなタイプがおすすめ。音をつかさどる方位は東なので、できるだけリビングの東側に配置しましょう。そうすれば、よい情報をタイミングよくキャッチできます。

ほかにおすすめなのは、才能をもたらす南。東や南に置けない場合は、テレビのそばに観葉植物を飾り、東をあらわす赤いグッズをプラスしてください。

タンス、
チェスト

クローゼットがあっても
1台は使いたい開運家具

南の寝室では
スチール製の
ライトなデザイン

どの部屋でも
東や南に
向けて置く

ダークな
チェストには
お金に関するもの
をしまって
寝室の北に置く

ダークなタイプは
ずらりと並べず
1台だけに.

日用品を
しまうなら
東北か西に置く

白やグリーンも
おすすめ

タンスやチェストはナチュラルな木目調がよく、できるだけ質の高いもののほうが家族の運気が上がります。どの方位でも扉や引き出しを東や南に向け、中身が太陽のパワーを吸収できるようにしましょう。

お金にかかわるものをしまうなら寝室の北側に、衣類や日用品をしまうなら東北か西側に配置するのが理想的。素材はベッドと統一するか、サイドテーブルと合わせるのもよいでしょう。

ドレッサー
女性の美容運を左右。明るい場所に配置して

黄色いドレッサーを
寝室の西側に置くと
金運アップ

木目調の
ドレッサーは
東南の寝室に
GOOD

花柄の小物や
フレグランスを

メイクは洗面室ではなくドレッサーの前で行うと、美容運が格段にアップ。寝室やリビングなどのできるだけ明るい場所に配置しましょう。鏡のデザインはベーシックな四角でもOKですが、八角形なら金運もアップしま

す。
ドレッサーを置く向きにも注目を。南を背にすると美人顔に、西を背ならかわいい愛され顔に。東を背なら手早くメイクができ、北を背ならイライラを抑える効果を得られます。

靴収納
幸運の入り口を吉相にするための重要アイテム

玄関の広さに
合ったサイズ

カウンター上に
ものを飾る

素材は木製。
東北なら
白でもOK

横長のデザイン

扉つき

玄関に新たに収納をつくる場合は大きめのサイズが理想的ですが、玄関の広さにつり合わないものはNG。圧迫感が出てしまうようなら、風通しのいいシューズクローゼットにするのもおすすめです。
玄関を入って正面に靴収納がある家は、発展しにくくなるおそれが。特に鏡つきの収納が正面にあると、入ってきた幸運を跳ね返してしまうので避けましょう。

キッチン収納

汚れにくさを最優先。扉つき収納がベスト

オープン型ではなく扉つきに

方位に合ったカラーや素材

包丁、ナイフの収納スペース

鍋やフライパンの収納スペース

キッチンでは火と水から発生するダメージを防ぐことが大切。そのため、キッチン収納は汚れやすいオープンスタイルより扉つきがベターです。扉や引き出しの中も詰め込みすぎず、常に片づいた状態をキープしてください。

鍋やフライパンは壁にかけたりせず、包丁やナイフもホルダーにきちんとしまうこと。包丁類が出しっぱなしの家では、金銭面の悩みや嫁しゅうとめの問題が起こりやすくなります。キッチンのカラーや素材はP.110〜117を参考に。

パントリー、冷蔵庫

詰め込みすぎは運気ダウンのもと

古い食品は処分して詰め込みすぎない

庫内をきれいに保つ

水のストックは南を避けて置くなら北や東南に

扉にはメモなどを貼らない

パントリーや冷蔵庫の詰め込みすぎは、風通しが悪くなり、死蔵品が増える原因にもなるためNG。ほどよくすっきりした状態を保ってください。ミネラルウオーターのストックは南を避けること。南は火のパワーが強いため、20ℓ以上の水とは相性が悪いからです。おすすめなのは暗くて涼しい北や東南で、特に東南にきれいな水があると夫婦の愛情運がアップします。

冷蔵庫にマグネットやメモを貼るなら、扉ではなく側面に。幸運の入り口である扉には何も貼らないのがルールです。

Dr. コパからあなたへ
開運メッセージ

その
3

家相はもちろん
「衣食住遊心」の5つを大切に

　風水は家相として日本に広まりましたが、今の時代に実行するなら「衣食住遊心」の5つの柱をベースにするのがおすすめです。

　「衣」はファッション。洋服や下着、靴、バッグ、メイク、ヘアスタイルなどのファッション全般をさします。

　「食」はもちろん食事。1日3回の食事を幸運度をベースに選ぶかどうかで、将来大きな差が出てきます。

　「住」は住まい。家はあなたが身につける一番大きな服です。それだけに、自宅の間取りやインテリアが家族の幸運度を大きく左右します。

　「遊」は旅行や趣味、レジャー。パワースポット巡りをはじめ、楽しみながら開運できるのが理想的です。

　最後の「心」は考え方。家族や周囲の人への思いやり、神様やご先祖様への感謝などをさします。「衣食足りて礼節を知る」という言葉がありますが、衣食住遊が足りて初めて、心の分野まで進むことができるはず。この心の風水を身につけたら、真の風水マスターといってもいいでしょう。

PART

5

運気パワーを上げる「間取りとインテリア」の風水テク。

各部屋がつかさどる運気を知ろう

それぞれの部屋で風水を実践する前に
各部屋が支配する運気と
そのパワーを高めるポイントをまとめました。

ROOM 玄関 幸運の入り口だからこそ ぜひパワーアップしたい

支配する運気

全体運　出世運

人間関係運　厄落とし

パワーアップのポイント

明るい照明　換気、風通し

掃除　収納

幸運は人と同じように玄関から家の中に入ってきます。また内と外の境界である玄関は、気持ちの切りかえの場所。外出先でいやなことがあっても、玄関で気分転換できるのが理想的です。そうすればマイナスの運気を家の中まで持ち込むこともありません。

玄関はどの方位にあっても凶相ではありませんが、汚れていたり暗かったりするとパワーを落としがち。また玄関が吉相でない

と出世や人間関係にも悪影響があります。

幸運を呼び込むためには、どの方位でも明るく風通しがいいこと、きちんと片づけていること、方位にふさわしいカラーやアイテムを使っていることが条件。靴やスポーツ用品などが出しっぱなしにならないよう、収納スペースにはゆとりがほしいところです。傘立てはできるだけ外に。シューズクローゼットをつくるなら、小窓や通風口をつけるなど風通しに配慮して。

キッチン

一家の金運と女性の幸せは
ここの吉凶が決め手

支配する運気

女性の運気

金運

健康運

パワーアップのポイント

換気、
風通し

掃除

方位に
合った
色づかい

収納

汚れが
目立つ内装

キッチンは、古くから主に料理を担当することの多い女性の運気に大きな影響力があります。キッチンのある方位によって、性格に一定の傾向があらわれることもあるほど。また「台所が火の車」という言葉があるように、金運を左右するのもキッチンです。さらに家族の健康に影響する食事をつくるスペースなので、健康運も支配します。

それなのに、キッチンは吉相にするのが難しいスペース。火や水を使うため汚れや湿気がたまりやすく、家が傷みやすいことが大きな原因です。

つまりキッチンをパワーアップするには、家を傷みにくくする工夫が必要ということです。窓があるなら開けて風を通し、換気扇もこまめに回して湯気を追い出しましょう。汚れが目立つインテリアにして、掃除を行き届かせるのもポイント。特にコンロや換気扇の油汚れはしっかり追放してください。

リビング・ダイニング

なごみの空間をつくり、家族みんなでパワーをもらおう

支配する運気

家庭運

健康運

仕事運

パワーアップのポイント

方位に合った色づかい

日当たり

明るい照明

家具の素材、形

家具のレイアウト

だんらんの場であるリビングが吉相でないと居心地が悪く、親子の会話も減りがち。反対にラッキーパワーにあふれたリビングなら家族みんながリフレッシュでき、子どもも才能豊かに育つはずです。ぜひ運の上がる家具をとり入れて、リビングをパワースポットに変えてください。

また、人は食べ物から栄養とともに自然界のパワーを吸収します。つまり「食」にか

かわるダイニングはキッチンと同様、家族の健康運を大きく左右するスペースになります。料理がおいしく見えるよう照明を明るくし、インテリアを風水で整えれば、吸収できるパワーが高まり、健康運だけでなく仕事運もアップします。

特に朝日のさし込む東〜東南のダイニングは理想的。早起きしてラッキーフードの朝食を楽しんでください。

ROOM

寝室

ゆったり休息しながら
運を上手に補給しよう

支配する運気

全体運

家族
それぞれの
運

パワーアップのポイント

換気、
風通し

方位に
合った
色づかい

家具の
素材、形

ベッドの
レイアウト

枕の向き

掃除

「家相のよしあしは寝室で決まる」「家の中心はあるじの寝室にある」といわれるほど、住む人や家全体の運気を大きく左右するのが寝室です。大切なのは日当たりより風通しで、空気とともに運気が停滞しないよう、こまめに窓を開けて換気しましょう。カーテンはレース＋ドレープの二重吊りがおすすめです。

また寝ているときは体が大地と平行になるため、自然界のパワーを効率よく吸収でき

ます。その際は寝室だけでなく、その家全体の運気も吸収されることに。そのため、どの方位を寝室にして、どこにベッドを置き、どの向きで寝るかがとても重要になります。

もちろんベッド下の清潔さも影響大。もしホコリがたまっていたら、汚れた運気まで吸収してしまいます。ベッドを置いた場所の真下に水回りがあると、水や火の悪影響を受けます。ベッド下に白いマットや布を敷いてください。

子ども部屋

風水を生かして ツキや才能が育つ部屋づくりを

支配する運気

子どもの運

親の 子育て運

受験運

パワーアップのポイント

ナチュラル な インテリア

掃除

方位に 合った 色づかい

収納

デスクの 向き

子どもは大人よりずっと感受性が豊かなので、8方位のパワーを生かした風水術をとり入れれば、性格のいい子に育ったり、才能をぐんぐん伸ばせたりと、見違えるほど強運になります。また子ども部屋を吉相にすることで、親も落ち着いて子育てができる運気に恵まれます。

ラッキーな子ども部屋の条件は、インテリアが明るくナチュラルな雰囲気で、おもちゃや勉強道具がきちんと片づいていること。モノトーンの内装やコンクリート打ちっぱなしなど暗くて陰の気が強いインテリアは、子ども部屋には向きません。

どの方位の子ども部屋でも、デスクは窓ではなく壁に向けて置くのがベスト。気が散るのを防ぎ、勉強に集中できます。デスクは本棚がついていないシンプルなタイプを選び、長く使えるようにしましょう。

親が東や南を使い、子ども部屋が西や北にあると親子トラブルになる可能性も。部屋割りにはご注意を。

和室

ひと部屋あると
家の格がワンランクアップ！

支配する運気

全体運

金運

貯蓄運

出世運

家庭運

パワーアップのポイント

ナチュラル
な
インテリア

内装の
素材

直射日光を
避ける

最近は一戸建てでもマンションでも和室のない家が増えましたが、風水的には和室のある家とない家とでは住まいの"格"が段違い。小さくても和室のある家のほうが強いパワーをもち、住む人も開運しやすくなります。

特に和室に向くのは、直射日光の当たらない方位。広さによる吉凶はなく、4畳半、6畳、8畳、ふすまで仕切った続き間など、

どんな広さでも運気に恵まれます。

ただし、東北（鬼門）の和室は4畳半、8畳などの正方形がベスト。昔から仏教の世界では正方形の部屋を「方丈」と呼び、僧侶のいる格の高い空間とされてきました。お坊さんがいるほど格の高い部屋であれば、けがれを嫌う鬼門にぴったり。正方形は形のバランスがいい点でも風水パワーに恵まれます。

バス、洗面室

清潔で快適に入浴できる バスが風水的にも◎

支配する運気

夫婦の
愛情運

厄落とし

パワーアップのポイント

換気、
風通し

掃除

収納

手入れの
しやすさ

方位に
合った
色づかい

バスルームは家族みんなの厄落としの場所であり、さらに夫婦の愛情を強く支配します。浮気やセックスレスといった悩みはバスに原因があるのかもしれません。夫婦円満に暮らしたいなら、ぜひお風呂をチェックしてください。

バスにつきものの湿気は、火や水と同じくらい方位のパワーをダウンさせます。ダメージを抑えるには、まず湿気や汚れを

シャットアウトすること。こまめに換気し、タイルから浴槽、蛇口までピカピカに磨きましょう。入浴後のお湯は早めに抜くのがベターです。

狭い場所に化粧品や洗濯用品などがごちゃごちゃ置いてある洗面室も、パワーを落とす原因になります。収納スペースをゆったりとって、こまめに掃除をする習慣をつけてください。

トイレ

家族の健康を守るために
風水テクを役立てて

支配する運気

健康運

パワーアップのポイント

換気、風通し

明るい照明

掃除

収納

香り

方位に合った色づかい

風水では、たまっている水は凶。湿気が家を傷みやすくし、住む人の体調にも悪影響を与えるからです。そして、家の中で一番狭く、常に水がたまっているのがトイレ。しかも排泄は健康と密接に結びついています。つまりトイレは吉相にするのが難しいうえ、家族の健康運を大きく左右してしまうのです。

パワーダウンを防ぐには、やはり掃除と換気がマスト。掃除用具は見えないように収納し、予備のタオルはトイレ内に置かないのが鉄則。床の水拭きは効果的です。

また北は腎臓、東は呼吸器系、南は目、耳、鼻、西は消化器系など、トイレのある方位とかかわりの深い体の部位もあります。持病のある人は、できるだけその方位にトイレのない間取りの家を選ぶといいでしょう。

玄関 の風水テク

家の **北** にある 玄関

光がさし込みにくい方位だけに
暖色系の花柄で明るく

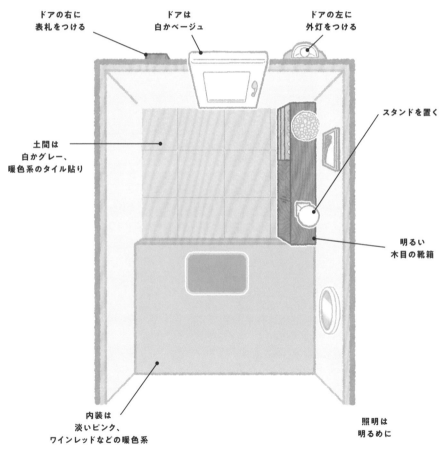

ドアの右に
表札をつける

ドアは
白かベージュ

ドアの左に
外灯をつける

スタンドを置く

土間は
白かグレー、
暖色系のタイル貼り

明るい
木目の靴箱

内装は
淡いピンク、
ワインレッドなどの暖色系

照明は
明るめに

信頼関係を支配する北の玄関が凶相だと、人間関係に問題が起こりがち。暖色を使って明るい雰囲気の内装にして、ダメージを抑えましょう。出しておく靴を少なめにして、毎日、土間を水拭きするのも効果的です。

家の **東北**にある 玄関

白でまとめて清潔さを保てば
鬼門のダメージも心配なし

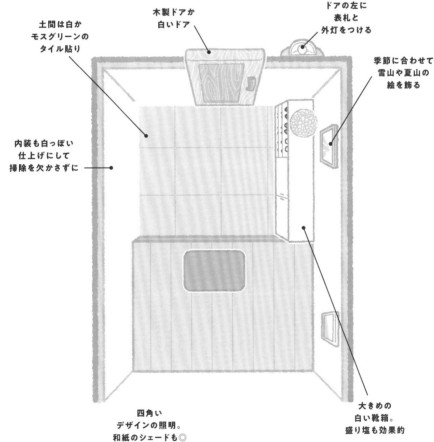

木製ドアか
白いドア

ドアの左に
表札と
外灯をつける

土間は白か
モスグリーンの
タイル貼り

季節に合わせて
雪山や夏山の
絵を飾る

内装も白っぽい
仕上げにして
掃除を欠かさずに

四角い
デザインの照明。
和紙のシェードも◎

大きめの
白い靴箱。
盛り塩も効果的

愛想がよさそうなのに、じつは気むずかしい。職場での異動や転勤が多い。鬼門に玄関がある家にはそんな傾向があります。とはいえ、内装に白を使い、掃除を徹底すれば財に恵まれ、大成功も夢ではありません。

玄関 の風水テク

家の
東 にある
玄関

仕事運をアップさせるには
職種に合わせたインテリアを

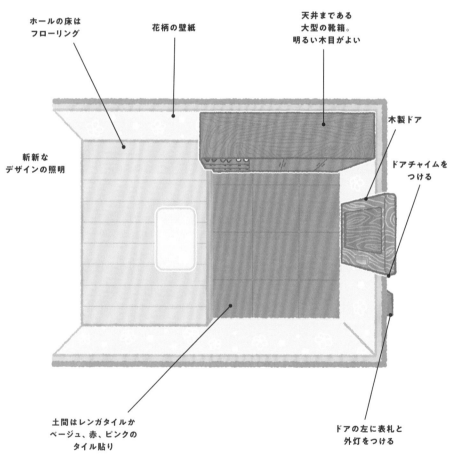

ホールの床は
フローリング

花柄の壁紙

天井まである
大型の靴箱。
明るい木目がよい

木製ドア

ドアチャイムを
つける

斬新な
デザインの照明

土間はレンガタイルか
ベージュ、赤、ピンクの
タイル貼り

ドアの左に表札と
外灯をつける

若い夫婦にぴったりの玄関。交際範囲も広がりますが、好き嫌いをはっきり口に出しやすい傾向も。インテリアは、夫が営業系なら赤、技術系ならブルーがベスト。音がラッキーなので、きれいな音のチャイムをつけて。

家の 東南 にある 玄関

人間関係に恵まれる玄関。
内装は花柄やストライプが◎

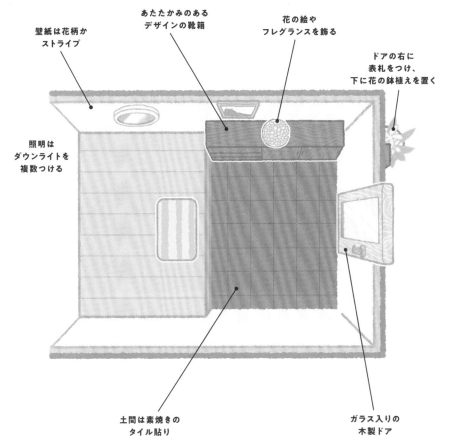

壁紙は花柄か
ストライプ

あたたかみのある
デザインの靴箱

花の絵や
フレグランスを飾る

ドアの右に
表札をつけ、
下に花の鉢植えを置く

照明は
ダウンライトを
複数つける

土間は素焼きの
タイル貼り

ガラス入りの
木製ドア

昔から「巽（東南）の玄関は吉」といわれるラッキーな玄関。おつきあい上手で家庭運にも恵まれるでしょう。特に外壁よりやや張り出していると強運になります。内装は淡い暖色系がよく、花柄やストライプもラッキーモチーフ。

玄関の風水テク

家の **南** にある 玄関

金属やガラスなどの光る素材が
ラッキー。ぜひインテリアに使って

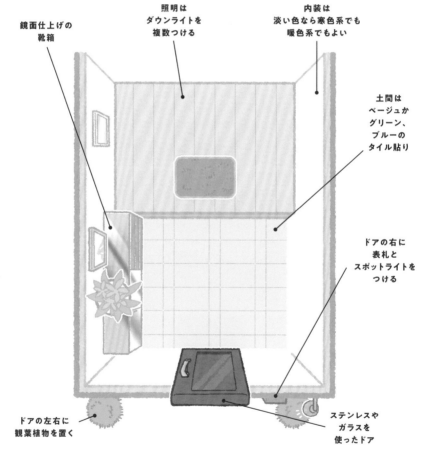

鏡面仕上げの
靴箱

照明は
ダウンライトを
複数つける

内装は
淡い色なら寒色系でも
暖色系でもよい

土間は
ベージュか
グリーン、
ブルーの
タイル貼り

ドアの右に
表札と
スポットライトを
つける

ドアの左右に
観葉植物を置く

ステンレスや
ガラスを
使ったドア

一見バラバラのようでも、いざというときに団結できる家族になれる玄関。金
属やガラスがラッキーなので、扉が鏡面仕上げの靴箱が理想的です。水とは相
性がよくないので、花瓶は小さめに。水槽などを置くのは避けましょう。

家の 南西 にある 玄関

清潔で渋めのインテリアで
運気アップ。
ごちゃごちゃさせるのは×

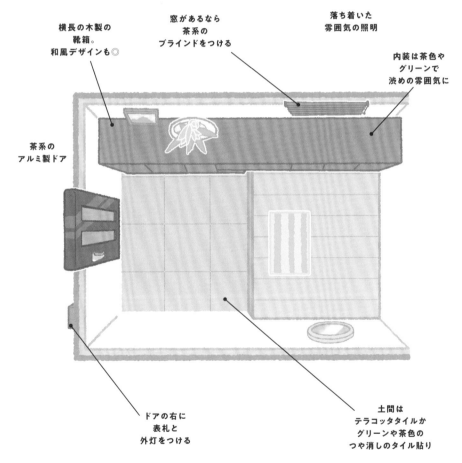

横長の木製の
靴箱。
和風デザインも◎

窓があるなら
茶系の
ブラインドをつける

落ち着いた
雰囲気の照明

内装は茶色や
グリーンで
渋めの雰囲気に

茶系の
アルミ製ドア

ドアの右に
表札と
外灯をつける

土間は
テラコッタタイルか
グリーンや茶色の
つや消しのタイル貼り

女性が頑張りすぎたり、考えすぎる傾向があります。西日が当たるなら、茶系
のブラインドやカーテンでしっかり遮光を。小物をたくさん飾るのは避け、シ
ンプルで渋めのインテリアをめざして。

玄関 の風水テク

黄色を生かして西の運気を高め、
金運を招き入れよう

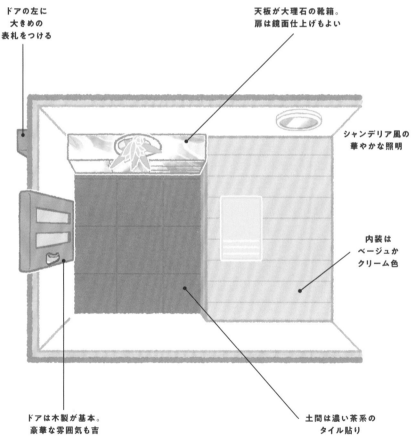

ドアの左に
大きめの
表札をつける

天板が大理石の靴箱。
扉は鏡面仕上げもよい

シャンデリア風の
華やかな照明

内装は
ベージュか
クリーム色

ドアは木製が基本。
豪華な雰囲気も吉

土間は濃い茶系の
タイル貼り

西に玄関があると、笑い声の絶えない明るい家庭に。来客も増えますが、その分、交際費が心配なので、インテリアで金運アップを狙いましょう。内装はベージュやクリーム色、白がよく、大理石や金属を使って豪華にするのも◎。

家の **北西** にある 玄関

高級感のある内装と
ドアの外の観葉植物が
開運のカギ

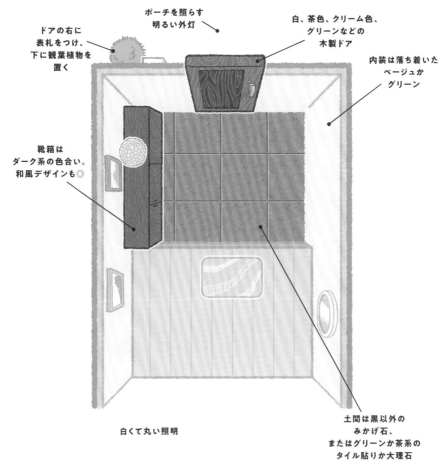

ドアの右に
表札をつけ、
下に観葉植物を
置く

ポーチを照らす
明るい外灯

白、茶色、クリーム色、
グリーンなどの
木製ドア

内装は落ち着いた
ベージュか
グリーン

靴箱は
ダーク系の色合い。
和風デザインも◎

白くて丸い照明

土間は黒以外の
みかげ石、
またはグリーンか茶系の
タイル貼りか大理石

財力や地位のある人には最適ですが、そうでない人にはやや荷が重い北西の玄関。男性が実力を発揮できなかったり、女性上位の家庭になったりしがち。内装はダーク系の木目を生かして落ち着いた雰囲気に。和風テイストもおすすめ。

キッチン の風水テク

家の
北 にある
キッチン

無駄な出費が増えるのが心配。
明るいカラーの
インテリアが防止に効果的

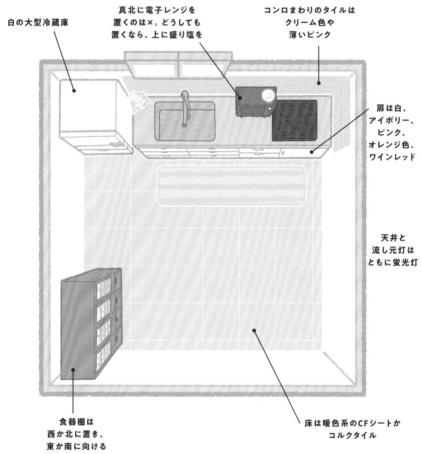

白の大型冷蔵庫

真北に電子レンジを
置くのは×。どうしても
置くなら、上に盛り塩を

コンロまわりのタイルは
クリーム色や
薄いピンク

扉は白、
アイボリー、
ピンク、
オレンジ色、
ワインレッド

天井と
流し元灯は
ともに蛍光灯

食器棚は
西か北に置き、
東か南に向ける

床は暖色系のCFシートか
コルクタイル

北にキッチンがあると、水がどこからともなくもれ出すように、知らず知らず
金運が下がる傾向が。キッチンの収納扉はアイボリーや白、コンロまわりのタ
イルはクリーム色や薄いピンクなどのライトカラーでまとめて。

白いインテリアと盛り塩で
鬼門のダメージを追い払う

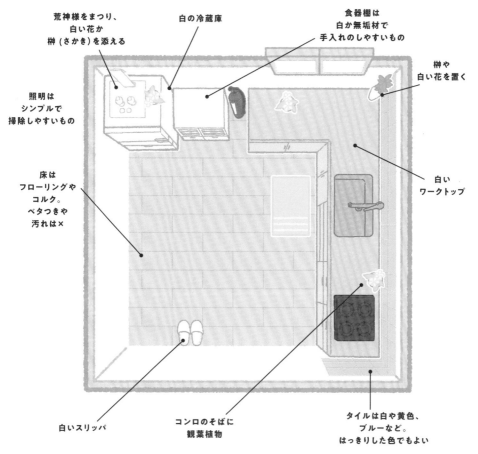

荒神様をまつり、
白い花か
榊（さかき）を添える

白の冷蔵庫

食器棚は
白か無垢材で
手入れのしやすいもの

照明は
シンプルで
掃除しやすいもの

榊や
白い花を置く

床は
フローリングや
コルク。
ベタつきや
汚れは×

白い
ワークトップ

白いスリッパ

コンロのそばに
観葉植物

タイルは白や黄色、
ブルーなど。
はっきりした色でもよい

東北にキッチンがあると、女性がやや男性っぽく、頼まれたらいやと言えない
性格に。金銭面ではコツコツ貯蓄できますが、それを上回る出費のおそれも。
避けるためには掃除を徹底し、床のベタつきなどをしっかり防ぐこと。

キッチンの風水テク

家の
東
にある
キッチン

ラッキーなキッチンだが
衝動買いが心配。
ブルーを使って運気を落ち着かせて

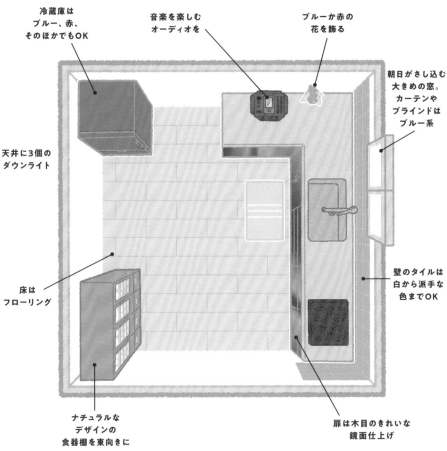

冷蔵庫は
ブルー、赤、
そのほかでもOK

音楽を楽しむ
オーディオを

ブルーか赤の
花を飾る

朝日がさし込む
大きめの窓。
カーテンや
ブラインドは
ブルー系

天井に3個の
ダウンライト

床は
フローリング

壁のタイルは
白から派手な
色までOK

ナチュラルな
デザインの
食器棚を東向きに

扉は木目のきれいな
鏡面仕上げ

明るく社交的な一方、衝動買いに走りやすい傾向がある東のキッチン。ブルー
をポイント使いして防いでください。キッチン扉は木目のきれいな鏡面仕上げ
が◎。音がラッキーなので、音楽を聴きながら楽しく料理しましょう。

女性にとって最高のキッチン。ただし汚れや悪臭は避けて

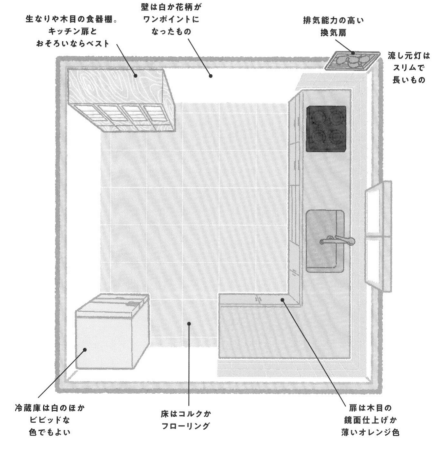

生なりや木目の食器棚。
キッチン扉と
おそろいならベスト

壁は白か花柄が
ワンポイントに
なったもの

排気能力の高い
換気扇

流し元灯は
スリムで
長いもの

冷蔵庫は白のほか
ビビッドな
色でもよい

床はコルクか
フローリング

扉は木目の
鏡面仕上げか
薄いオレンジ色

金運に恵まれ、何をやってもうまくいく東南のキッチン。ただし掃除がおろそかだと、根も葉もないうわさが心配です。特に悪臭が運気を下げるので、換気扇を強力なタイプにして、生ゴミはその日のうちに処理するのがベター。

キッチン の風水テク

家の **南** にある キッチン

インテリアは派手めがラッキー。
窓辺には一対の観葉植物を飾って

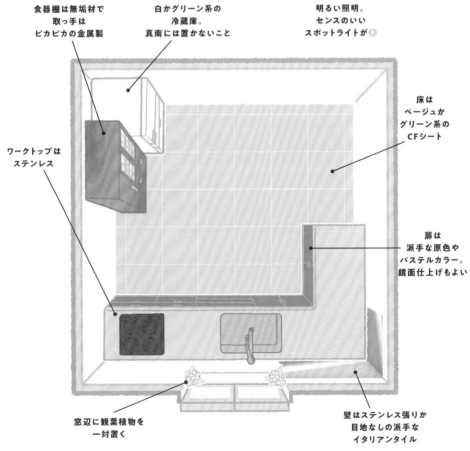

食器棚は無垢材で
取っ手は
ピカピカの金属製

白かグリーン系の
冷蔵庫。
真南には置かないこと

明るい照明。
センスのいい
スポットライトが◎

床は
ベージュか
グリーン系の
CFシート

ワークトップは
ステンレス

扉は
派手な原色や
パステルカラー。
鏡面仕上げもよい

窓辺に観葉植物を
一対置く

壁はステンレス張りか
目地なしの派手な
イタリアンタイル

派手好きで服にお金を使うけれど、審美眼がすぐれているので買い損はしない
……南のキッチンでは女性にこんな傾向が出ます。キッチン扉は原色やパステ
ルカラー、鏡面仕上げがおすすめ。窓辺には一対の観葉植物を。

家の**南西**にある キッチン

西日は黄色いカーテンでカットし、黄色い花で健康運を高めよう

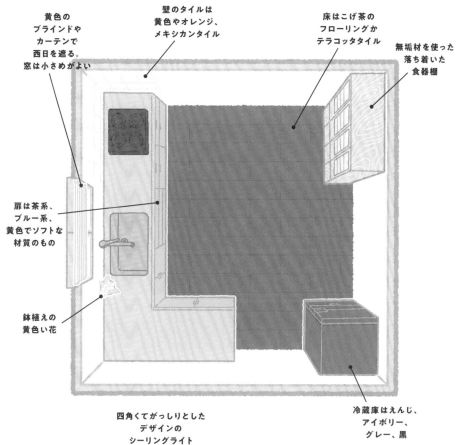

黄色の
ブラインドや
カーテンで
西日を遮る。
窓は小さめがよい

壁のタイルは
黄色やオレンジ、
メキシカンタイル

床はこげ茶の
フローリングか
テラコッタタイル

無垢材を使った
落ち着いた
食器棚

扉は茶系、
ブルー系、
黄色でソフトな
材質のもの

鉢植えの
黄色い花

四角くてがっしりとした
デザインの
シーリングライト

冷蔵庫はえんじ、
アイボリー、
グレー、黒

南西にキッチンがあると、女性が家庭的になる半面、老けた印象になりやすいのが問題。風水インテリアで若々しいイメージを保ちましょう。キッチン扉は茶系やブルー系、黄色。テラコッタタイルやメキシカンタイルもGOOD。

キッチン の風水テク

家の **西**にある キッチン

金運ダウンが心配なキッチン。
黄色と白、ピンクで
無駄づかいを防止できる

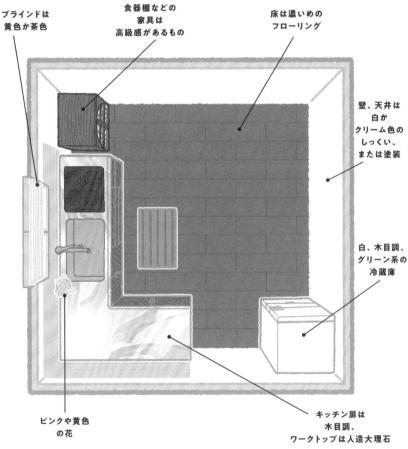

ブラインドは
黄色か茶色

食器棚などの
家具は
高級感があるもの

床は濃いめの
フローリング

壁、天井は
白か
クリーム色の
しっくい、
または塗装

白、木目調、
グリーン系の
冷蔵庫

ピンクや黄色
の花

キッチン扉は
木目調、
ワークトップは人造大理石

外出好きでセンスも抜群ですが、交際費がかさんだり、衝動買いが心配な西の
キッチン。キッチン扉は木目調、ワークトップは人造大理石にして、豪華でも
品よくまとめましょう。食品が傷みやすいので、買いおきはほどほどに。

重厚な雰囲気のインテリアで
男性のパワーを高めよう

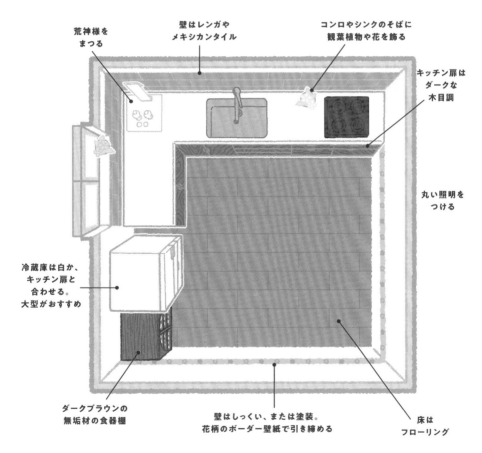

荒神様を
まつる

壁はレンガや
メキシカンタイル

コンロやシンクのそばに
観葉植物や花を飾る

キッチン扉は
ダークな
木目調

丸い照明を
つける

冷蔵庫は白か、
キッチン扉と
合わせる。
大型がおすすめ

ダークブラウンの
無垢材の食器棚

壁はしっくい、または塗装。
花柄のボーダー壁紙で引き締める

床は
フローリング

北西のキッチンでは女性が一家の大黒柱になりがち。もちろんそれでもいいの
ですが、夫の出世運をさまたげる心配も。落ち着いた木目調のキッチン扉、がっ
しりとした重厚な食器棚で、男性の運気ダウンを防げます。

リビング の風水テク

暖色と木目を生かしてあたたかい
雰囲気にすると、運気がアップ

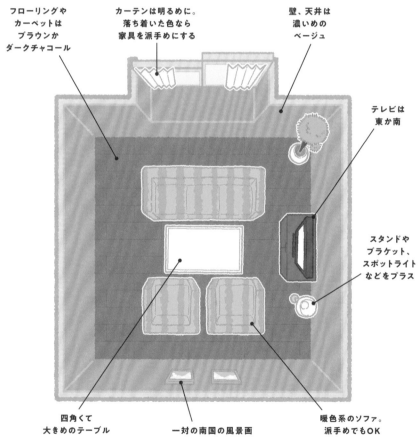

**フローリングや
カーペットは
ブラウンか
ダークチャコール**

**カーテンは明るめに。
落ち着いた色なら
家具を派手めにする**

**壁、天井は
濃いめの
ベージュ**

**テレビは
東か南**

**スタンドや
ブラケット、
スポットライト
などをプラス**

**四角くて
大きめのテーブル**

一対の南国の風景画

**暖色系のソファ。
派手めでもOK**

北は安定したパワーのある方位。ここにリビングがあると家族の信頼感が増します。内装やインテリアを暖色系で統一するのが、運気アップのポイント。採光があまり望めないので、カーテンは明るめの色が◎。

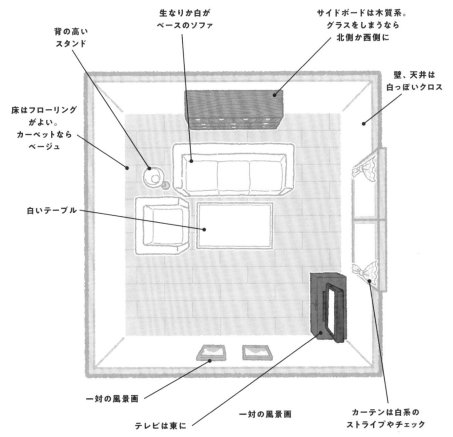

家の 東北にある リビング

ホコリやカビはトラブルの原因。防ぐには換気と掃除を心がけて

背の高いスタンド

生なりか白がベースのソファ

サイドボードは木質系。グラスをしまうなら北側か西側に

壁、天井は白っぽいクロス

床はフローリングがよい。カーペットならベージュ

白いテーブル

一対の風景画

テレビは東に

一対の風景画

カーテンは白系のストライプやチェック

家族の会話が少なかったり、嫁しゅうとめ問題が起こりやすい東北のリビング。日当たりや風通しが悪くて汚れがたまっていると、その傾向が高まってしまいます。防止するにはインテリアを白でまとめ、清潔感を保つこと。

リビング の風水テク

家の **東** にある リビング

明るい木目とビビッドカラーの 組み合わせが開運のポイント

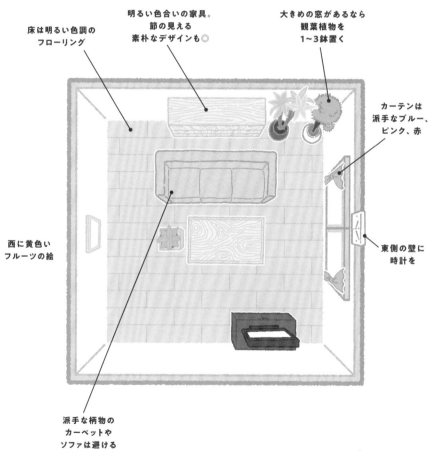

床は明るい色調の
フローリング

明るい色合いの家具。
節の見える
素朴なデザインも◎

大きめの窓があるなら
観葉植物を
1〜3鉢置く

カーテンは
派手なブルー、
ピンク、赤

西に黄色い
フルーツの絵

東側の壁に
時計を

派手な柄物の
カーペットや
ソファは避ける

テレビを囲んで談笑するなど楽しい家族になれるリビング。ただ、親が心配するほど子どもが元気すぎたり、父親が不在がちになる傾向も。ブルーやピンク、赤のカーテンをかけ、ソファやクッションはシンプルな無地でまとめて。

窓をこまめに開けて風を通し、花柄のカーテンでツキを呼ぼう

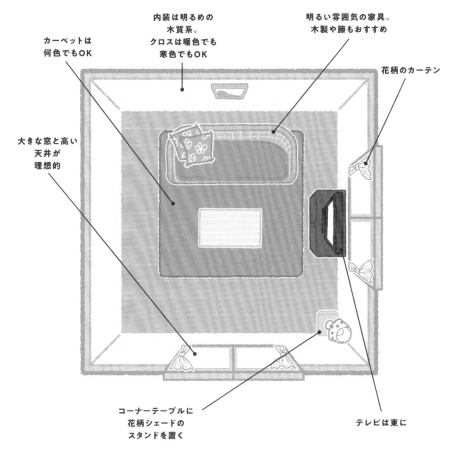

内装は明るめの
木質系。
クロスは暖色でも
寒色でもOK

明るい雰囲気の家具。
木製や藤もおすすめ

カーペットは
何色でもOK

花柄のカーテン

大きな窓と高い
天井が
理想的

コーナーテーブルに
花柄シェードの
スタンドを置く

テレビは東に

東南はリビングに最適な方位。人づきあいがよく、来客の多い家になるでしょう。ただ、うわさを気にして家族に波風が立つことも。エアコンのフィルター掃除と風通しに気をつけ、カーテンに花柄モチーフをとり入れて。

リビング の風水テク

家の **南** にある リビング

南に一対の照明か観葉植物を置き、寒色系でまとめるとパワーアップ

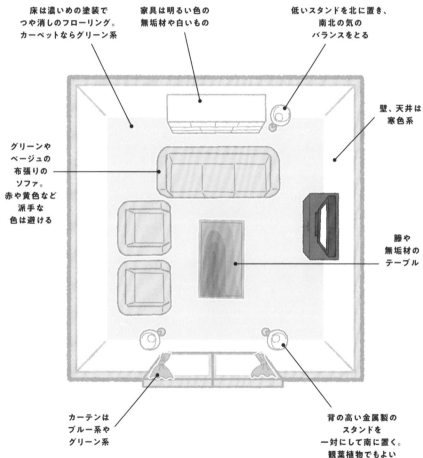

床は濃いめの塗装でつや消しのフローリング。カーペットならグリーン系

家具は明るい色の無垢材や白いもの

低いスタンドを北に置き、南北の気のバランスをとる

壁、天井は寒色系

グリーンやベージュの布張りのソファ。赤や黄色など派手な色は避ける

籐や無垢材のテーブル

カーテンはブルー系やグリーン系

背の高い金属製のスタンドを一対にして南に置く。観葉植物でもよい

陽光がさし込む南のリビングでは、会話がはずむ楽しい家族になりますが、ダメージがあると自己中心的になるおそれが。風水をとり入れ、家族で共通の目標を見つけると、団結心が生まれます。インテリアは寒色系がおすすめ。

家の **南西** にある リビング

特に夏場は
運気ダウンのおそれが。
落ち着いたインテリアで防いで

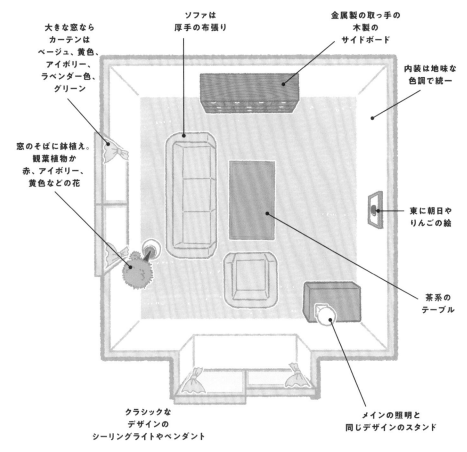

大きな窓なら
カーテンは
ベージュ、黄色、
アイボリー、
ラベンダー色、
グリーン

ソファは
厚手の布張り

金属製の取っ手の
木製の
サイドボード

内装は地味な
色調で統一

窓のそばに鉢植え。
観葉植物か
赤、アイボリー、
黄色などの花

東に朝日や
りんごの絵

茶系の
テーブル

クラシックな
デザインの
シーリングライトやペンダント

メインの照明と
同じデザインのスタンド

冬はおだやかに過ごせますが、夏は西日の悪影響から家族が無気力になりがち。
ダメージを抑えるには、落ち着いた地味めのインテリアが効果的です。窓が大
きい場合は観葉植物をそばに置き、午後は早めにカーテンを引くこと。

TECHNIQUE

リビング の風水テク

落ち着いた内装＋高級感のある
ソファで、金運がぐんとアップ

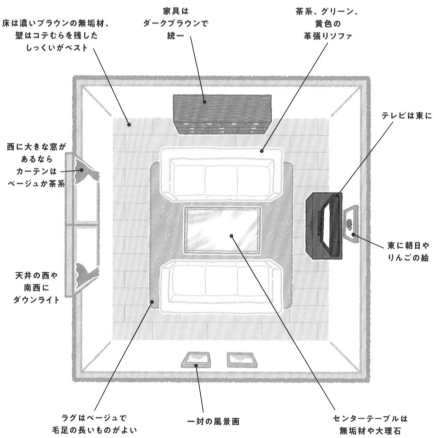

家の 西にある リビング

床は濃いブラウンの無垢材、
壁はコテむらを残した
しっくいがベスト

家具は
ダークブラウンで
統一

茶系、グリーン、
黄色の
革張りソファ

西に大きな窓が
あるなら
カーテンは
ベージュか茶系

テレビは東に

天井の西や
南西に
ダウンライト

東に朝日や
りんごの絵

ラグはベージュで
毛足の長いものがよい

一対の風景画

センターテーブルは
無垢材や大理石

金運は西の部屋が大好き。西のリビングでゆったり過ごせば、お金持ちになる
素質を養えます。内装はベージュや茶系などで落ち着いた雰囲気に。ソファは
茶系の革張りがベスト。無駄づかいを防ぐにはワンポイントにブルーを。

家の **北西** にある リビング

木を生かしたインテリアが◎。和風にまとめるのもおすすめ

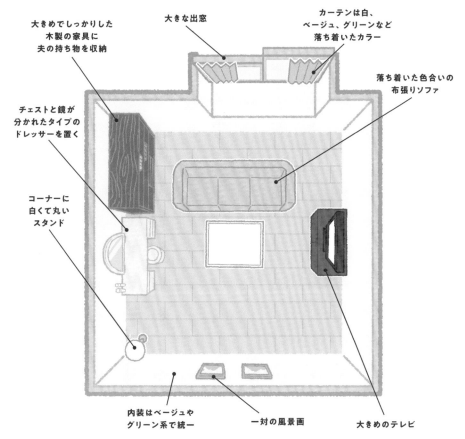

大きめでしっかりした
木製の家具に
夫の持ち物を収納

大きな出窓

カーテンは白、
ベージュ、グリーンなど
落ち着いたカラー

落ち着いた色合いの
布張りソファ

チェストと鏡が
分かれたタイプの
ドレッサーを置く

コーナーに
白くて丸い
スタンド

内装はベージュや
グリーン系で統一

一対の風景画

大きめのテレビ

北西は一家のあるじにとって大切な方位。ここにリビングがあると男性の立場が弱くなり、女性上位の家庭になる傾向が。男性陣の力や才能を高めるには、夫や男の子の写真や作品、賞状などを飾るのが効果的です。

ダイニング の風水テク

家の **北** にある ダイニング

明るい照明で北の運気を上げて 料理をおいしく見せよう

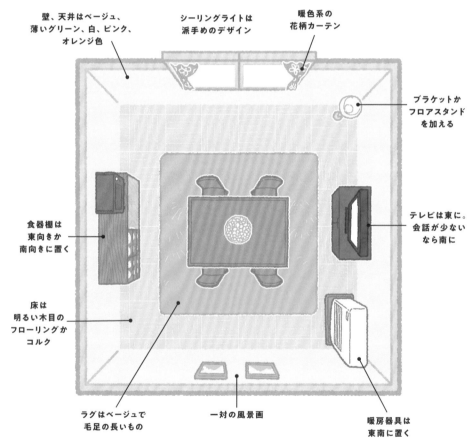

壁、天井はベージュ、
薄いグリーン、白、ピンク、
オレンジ色

シーリングライトは
派手めのデザイン

暖色系の
花柄カーテン

ブラケットか
フロアスタンド
を加える

食器棚は
東向きか
南向きに置く

テレビは東に。
会話が少ない
なら南に

床は
明るい木目の
フローリングか
コルク

ラグはベージュで
毛足の長いもの

一対の風景画

暖房器具は
東南に置く

リビングと同様、あたたかみのある雰囲気にまとめるのが開運のカギ。カーテンは暖色系の花柄がおすすめです。テレビを置くなら東がいいのですが、家族の会話が少ないなら南でもOK。テーブルには小さな花器で花を飾って。

家の **東北** にある ダイニング

白でまとめて清潔さを保てば
鬼門のダメージも心配なし

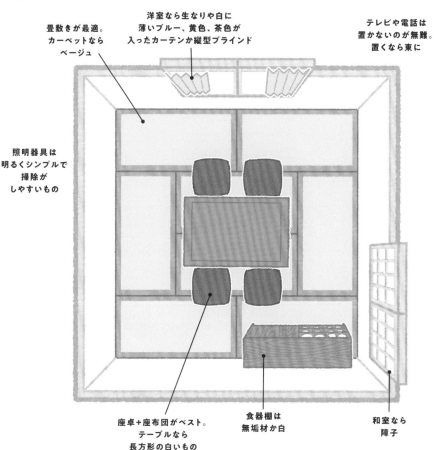

畳敷きが最適。
カーペットなら
ベージュ

洋室なら生なりや白に
薄いブルー、黄色、茶色が
入ったカーテンか縦型ブラインド

テレビや電話は
置かないのが無難。
置くなら東に

照明器具は
明るくシンプルで
掃除が
しやすいもの

座卓+座布団がベスト。
テーブルなら
長方形の白いもの

食器棚は
無垢材か白

和室なら
障子

東北のダイニングは、畳+座卓という和風スタイルがぴったり。洋室にする
場合も、ベージュのカーペットなどでシンプルにまとめてください。テーブル
は白や白木で、畳や座布団などはいつも清潔に保ちましょう。

ダイニング の風水テク

家の
東 にある
ダイニング

東はダイニングに最適な方位。
早起きして家族で朝食を楽しもう

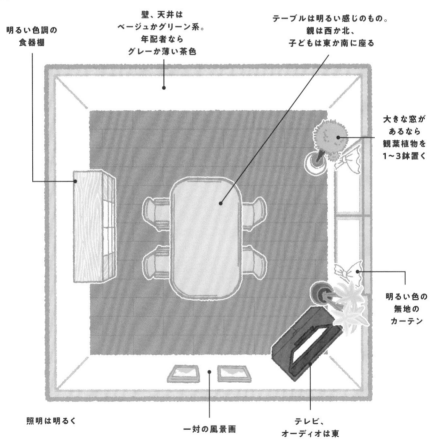

壁、天井は
ベージュかグリーン系。
年配者なら
グレーか薄い茶色

テーブルは明るい感じのもの。
親は西か北、
子どもは東か南に座る

明るい色調の
食器棚

大きな窓が
あるなら
観葉植物を
1〜3鉢置く

明るい色の
無地の
カーテン

照明は明るく

一対の風景画

テレビ、
オーディオは東

東はダイニングに最も向く方位。特に朝日を浴びながら食事をすると、家族の健康運が高まり、仕事や勉強のやる気もアップします。テレビやオーディオを東に置いて、音楽を聴きながら食事をするのもいいでしょう。

家の
東南にある
ダイニング

暖色を生かしたナチュラル系の
インテリアで交際運がアップ

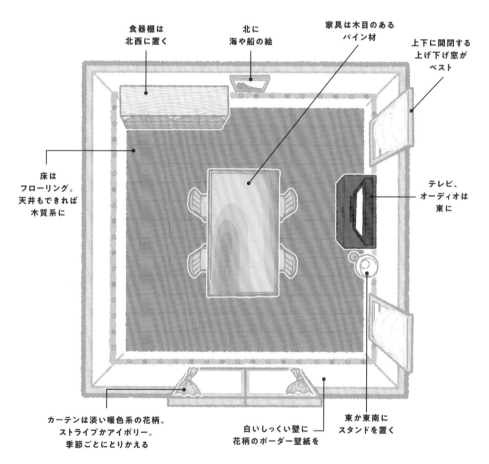

食器棚は
北西に置く

北に
海や船の絵

家具は木目のある
パイン材

上下に開閉する
上げ下げ窓が
ベスト

床は
フローリング。
天井もできれば
木質系に

テレビ、
オーディオは
東に

カーテンは淡い暖色系の花柄、
ストライプかアイボリー。
季節ごとにとりかえる

白いしっくい壁に
花柄のボーダー壁紙を

東か東南に
スタンドを置く

東南ではナチュラルな雰囲気のダイニングがおすすめ。床や天井に木質系の素
材を使えれば理想的です。壁に花柄のボーダー壁紙を張るなどあたたかみのあ
るコーディネートにすると、交際運がぐんと上がるはず。

ダイニング の風水テク

家の **南** にある ダイニング

日光をとり入れながら 遮光もできる窓があると理想的

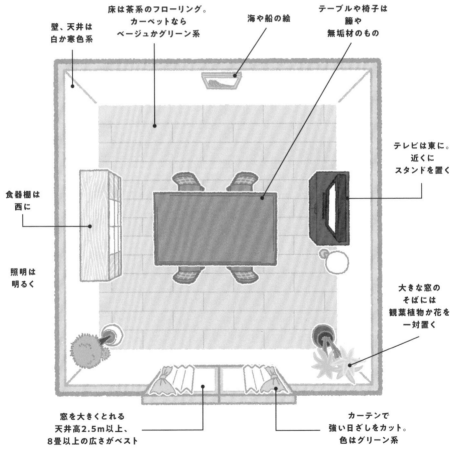

壁、天井は 白か寒色系

床は茶系のフローリング。 カーペットなら ベージュかグリーン系

海や船の絵

テーブルや椅子は 籐や 無垢材のもの

テレビは東に。 近くに スタンドを置く

食器棚は 西に

照明は 明るく

大きな窓の そばには 観葉植物か花を 一対置く

窓を大きくとれる 天井高2.5m以上、 8畳以上の広さがベスト

カーテンで 強い日ざしをカット。 色はグリーン系

8畳以上で天井高が2.5mくらいあるダイニングが理想的。南からの日ざしが入らないなら、オレンジ色の花の絵を南に飾り、両脇に真鍮製のスタンドを置いてください。窓が大きいなら遮光に注意し、グリーン系のカーテンを。

家の 南西 にある ダイニング

淡いトーンの色でまとめれば 家庭運がアップして家庭円満に

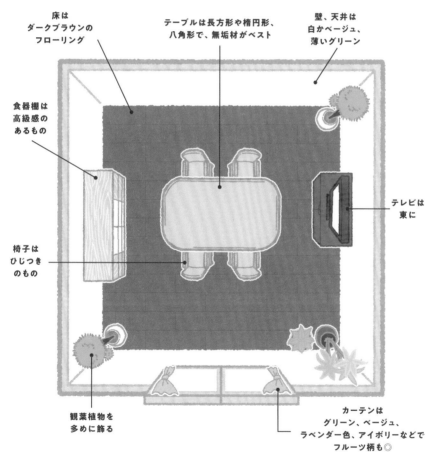

床は
ダークブラウンの
フローリング

テーブルは長方形や楕円形、
八角形で、無垢材がベスト

壁、天井は
白かベージュ、
薄いグリーン

食器棚は
高級感の
あるもの

テレビは
東に

椅子は
ひじつき
のもの

観葉植物を
多めに飾る

カーテンは
グリーン、ベージュ、
ラベンダー色、アイボリーなどで
フルーツ柄も◎

「母なる大地」をあらわす南西では、ベージュやアイボリー、グリーンなどナチュラルなカラーコーディネートがGOOD。さし色にはラベンダー色や黄色がおすすめです。フルーツ柄や観葉植物もラッキーアイテム。

ダイニング の風水テク

家の **西** にある
ダイニング

フルーツや花を飾った
華やかなダイニングがラッキー

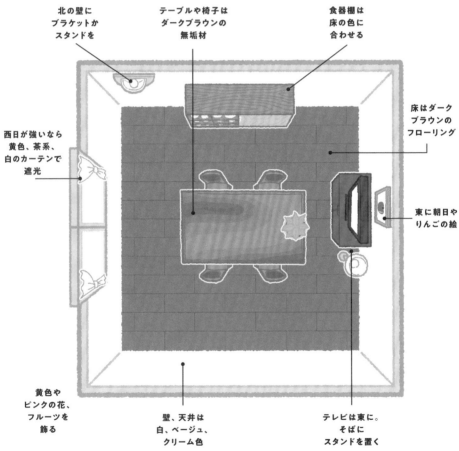

北の壁に
ブラケットか
スタンドを

テーブルや椅子は
ダークブラウンの
無垢材

食器棚は
床の色に
合わせる

床はダーク
ブラウンの
フローリング

西日が強いなら
黄色、茶系、
白のカーテンで
遮光

東に朝日や
りんごの絵

黄色や
ピンクの花、
フルーツを
飾る

壁、天井は
白、ベージュ、
クリーム色

テレビは東に。
そばに
スタンドを置く

西のダイニングはキッチンと分離させ、火や水を使わないのがルール。金運に
ダメージが及ばないように気をつけましょう。西日が強く入るなら、黄色や茶
系か白のカーテン、ブラインドでしっかり遮光を。

家の **北西** にある ダイニング

男性の運気を高めるような
格のあるインテリアがGOOD

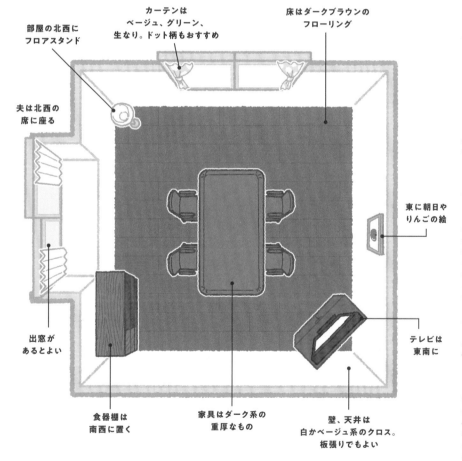

部屋の北西に
フロアスタンド

カーテンは
ベージュ、グリーン、
生なり。ドット柄もおすすめ

床はダークブラウンの
フローリング

夫は北西の
席に座る

東に朝日や
りんごの絵

出窓が
あるとよい

テレビは
東南に

食器棚は
南西に置く

家具はダーク系の
重厚なもの

壁、天井は
白かベージュ系のクロス。
板張りでもよい

ベージュにダークブラウン、グリーンなどを組み合わせて、落ち着いた雰囲気にまとめてください。家具もダーク系の重厚なものが◎。夫は北西に座り、さらに北西に丸いフロアスタンドを置くと、出世運が上がります。

寝室 の風水テク

家の
北 にある
寝室

落ち着いた気があふれる寝室。
東と南をパワーアップさせるのが
ポイントに

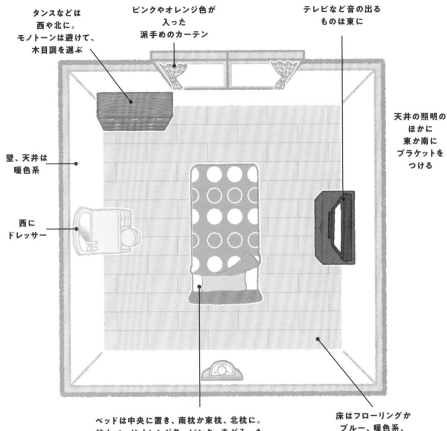

タンスなどは
西や北に。
モノトーンは避けて、
木目調を選ぶ

ピンクやオレンジ色が
入った
派手めのカーテン

テレビなど音の出る
ものは東に

壁、天井は
暖色系

天井の照明の
ほかに
東か南に
ブラケットを
つける

西に
ドレッサー

ベッドは中央に置き、南枕か東枕、北枕に。
枕カバーはオレンジ色、ピンク、赤が入った
派手なもの。シーツは白かベージュ

床はフローリングか
ブルー、暖色系、
ベージュのカーペット

学者肌の人が多くなる寝室。落ち着きのパワーがありますが、その分、東や南がもつ活力のパワーが不足しがち。東か南の壁にブラケットをつけ、テレビなど音の出るものを東に置くことで、活力を高めることができます。

シンプル、清潔、静寂が運気アップのポイント。掃除を徹底して

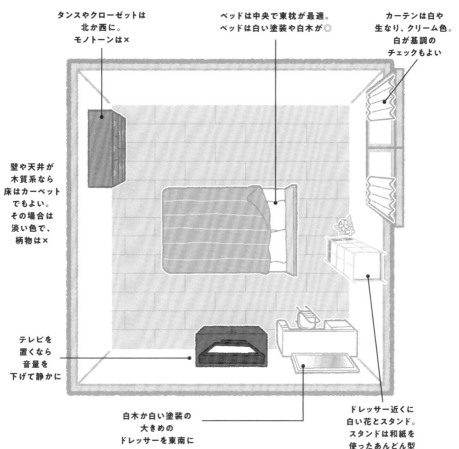

タンスやクローゼットは北か西に。モノトーンは×

ベッドは中央で東枕が最適。ベッドは白い塗装や白木が◎

カーテンは白や生なり、クリーム色。白が基調のチェックもよい

壁や天井が木質系なら床はカーペットでもよい。その場合は淡い色で、柄物は×

テレビを置くなら音量を下げて静かに

白木か白い塗装の大きめのドレッサーを東南に

ドレッサー近くに白い花とスタンド。スタンドは和紙を使ったあんどん型

汚れると引っ越しや転勤が多かったり、子どもの問題に振り回されたり、なにかと忙しい人生になりそう。清潔第一を心がけ、テレビなどはできるだけ置かず、シンプルな寝室にすれば、起伏の多い人生をうまく乗り越えられます。

寝室 の風水テク

家の
東 にある
寝室

若い人は派手めにすると
東の元気なパワーがアップ

家具は西か北に。
アメリカンなもの、
ラフな木目のものが◎

どの方位に頭を向けてもOK。
ベッドは低めでシンプルなもの。
カバーは花柄、ストライプ、
無地で、色は自由に

東北にドレッサー。
明るい木目や派手なもの

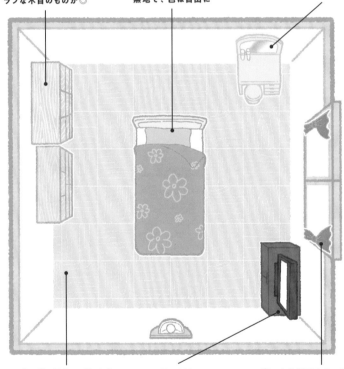

床、壁、天井のどれかを
木質系の
仕上げにする

テレビや
オーディオは
東〜南に

若い人は派手なカーテン。
白、赤、ブルー、ピンクがラッキー。
年配者なら寒色系

若い夫婦に最適な、活気あふれる東の寝室。若くして事業に成功する期待大です。この方位では、ベッドの向きは東西南北どこでもOK。大きな窓があるとラッキーですが、しっかり遮光できるようにカーテンは二重吊りに。

良縁を運ぶ
花柄＋東南のスタンドで
交際運がぐんぐんアップ

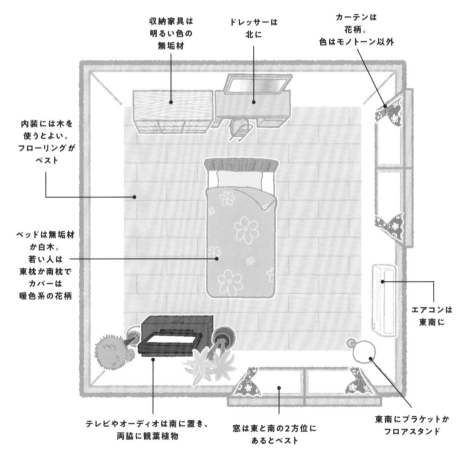

収納家具は
明るい色の
無垢材

ドレッサーは
北に

カーテンは
花柄。
色はモノトーン以外

内装には木を
使うとよい。
フローリングが
ベスト

ベッドは無垢材
か白木。
若い人は
東枕か南枕で
カバーは
暖色系の花柄

エアコンは
東南に

テレビやオーディオは南に置き、
両脇に観葉植物

窓は東と南の2方位に
あるとベスト

東南にブラケットか
フロアスタンド

東南は人間関係を支配する方位。朝起きたら窓を開けて風を通し、良縁のエネ
ルギーをたっぷり吸収しましょう。内装は淡い暖色系がよく、モノトーンは避
けて。交際運に恵まれたいなら、南か東向きに寝てください。

寝室 の風水テク

家の
南 にある
寝室

金属製のグッズが 運気アップのカギ。 観葉植物と組み合わせて

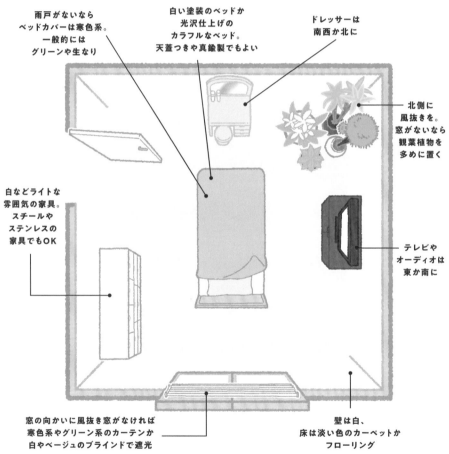

雨戸がないなら
ベッドカバーは寒色系。
一般的には
グリーンや生なり

白い塗装のベッドか
光沢仕上げの
カラフルなベッド。
天蓋つきや真鍮製でもよい

ドレッサーは
南西か北に

北側に
風抜きを。
窓がないなら
観葉植物を
多めに置く

白などライトな
雰囲気の家具。
スチールや
ステンレスの
家具でもOK

テレビや
オーディオは
東か南に

窓の向かいに風抜き窓がなければ
寒色系やグリーン系のカーテンか
白やベージュのブラインドで遮光

壁は白、
床は淡い色のカーペットか
フローリング

開放的な性格になりやすく、アート系の職業に向いています。真鍮やステンレスなどがラッキーですが、派手になりすぎるのを抑えるには寒色を使い、観葉植物をたくさん飾ること。花は小さめの花瓶にいけましょう。夜ふかしに注意。

家の **南西** にある 寝室

年のわりに老けて見えがち。
若返るには東のパワーを生かそう

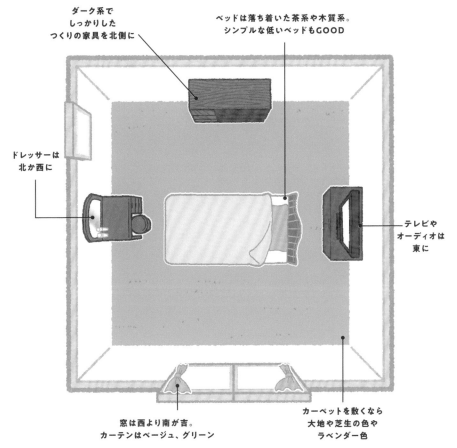

ダーク系で
しっかりした
つくりの家具を北側に

ベッドは落ち着いた茶系や木質系。
シンプルな低いベッドもGOOD

ドレッサーは
北か西に

テレビや
オーディオは
東に

窓は西より南が吉。
カーテンはベージュ、グリーン

カーペットを敷くなら
大地や芝生の色や
ラベンダー色

周囲から慕われるものの、年齢のわりに老け込みがちな寝室。枕を東向きにし
たり、枕カバーを赤にしてスタンドを置くなど、東の若々しいパワーを高めま
しょう。窓は西側より南側にあるほうがベターです。

寝室 の風水テク

家の
西 にある
寝室

40代以上の夫婦にぴったり。
北枕で寝れば富に恵まれる

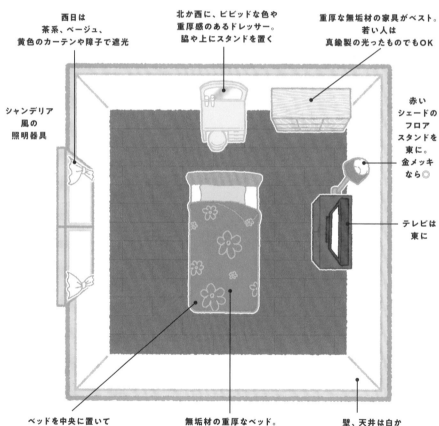

西日は
茶系、ベージュ、
黄色のカーテンや障子で遮光

北か西に、ビビッドな色や
重厚感のあるドレッサー。
脇や上にスタンドを置く

重厚な無垢材の家具がベスト。
若い人は
真鍮製の光ったものでもOK

シャンデリア
風の
照明器具

赤い
シェードの
フロア
スタンドを
東に。
金メッキ
なら◎

テレビは
東に

ベッドを中央に置いて
北枕にすると金運アップ。
年配者は北か西枕、
若い人は東か南枕

無垢材の重厚なベッド。
カバーは花柄や無地の
ビビッドカラー。
ベージュや茶系でもよい

壁、天井は白か
落ち着いた木質系

ぐっすり眠れる方位なので、40代以上の夫婦には最適。ただし本業を忘れて
サイドビジネスに熱中するおそれもあります。ベッドを中央に置いて北枕にす
るのが、金運アップの秘訣。枕カバーは黄色かグリーンがおすすめ。

家の **北西** にある 寝室

仕事運アップをめざすなら 北西に夫の収納スペースを

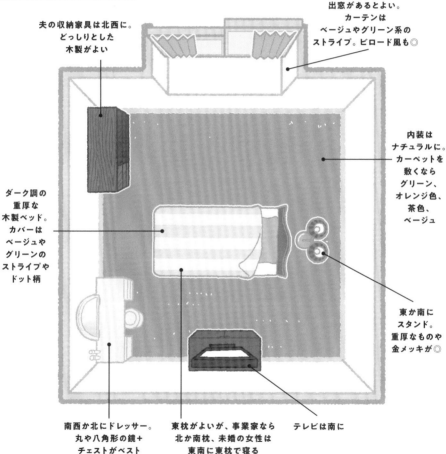

夫の収納家具は北西に。
どっしりとした
木製がよい

出窓があるとよい。
カーテンは
ベージュやグリーン系の
ストライプ。ビロード風も◎

内装は
ナチュラルに。
カーペットを
敷くなら
グリーン、
オレンジ色、
茶色、
ベージュ

ダーク調の
重厚な
木製ベッド。
カバーは
ベージュや
グリーンの
ストライプや
ドット柄

東か南に
スタンド。
重厚なものや
金メッキが◎

南西か北にドレッサー。
丸や八角形の鏡＋
チェストがベスト

東枕がよいが、事業家なら
北か南枕、未婚の女性は
東南に東枕で寝る

テレビは南に

北西の寝室では、特に中年以降に男性の人生が大きく開花します。一般的には
東枕がよく、事業家には北枕や南枕が最適。夫の持ち物をしまう家具やデスク、
本棚などを部屋の北西に置けば、さらに仕事運が好転します。

子ども部屋 の風水テク

家の **北** にある 子ども部屋

落ち着きがあって 勉強を頑張る子に なれる

北には精神的な気が集中するため、しっかり勉強させたい場合や、落ち着きを身につけてほしい場合に大切な方位。壁、天井はベージュで吸音性があるものを選び、床は淡色系のフローリングかコルクタイルに。

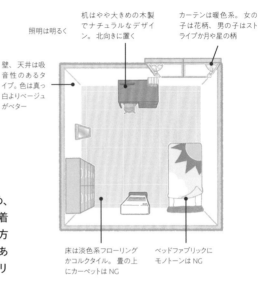

照明は明るく

机はやや大きめの木製でナチュラルなデザイン。北向きに置く

カーテンは暖色系。女の子は花柄、男の子はストライプや月や星の柄

壁、天井は吸音性のあるタイプ。色は真っ白よりベージュがベター

床は淡色系フローリングかコルクタイル。畳の上にカーペットは NG

ベッドファブリックにモノトーンは NG

家の **東** にある 子ども部屋

子ども部屋に最適。 運動能力や音感、 語感が磨かれる

太陽が昇る東は物事の始まりや発展を意味し、子どもにとってラッキーな方位。運動能力や音感、語学力を伸ばすパワーもあります。窓はできるだけ大きく、風通しをよくすると吉。インテリアのメインカラーはグリーンに。

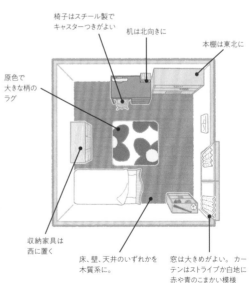

椅子はスチール製でキャスターつきがよい

机は北向きに

本棚は東北に

原色で大きな柄のラグ

収納家具は西に置く

床、壁、天井のいずれかを木質系に。

窓は大きめがよい。カーテンはストライプか白地に赤や青のこまかい模様

家の **東北** にある 子ども部屋

男の子には影響大。思いやりや健康を左右する

相続運や不動産運をつかさどる東北は、男の子にとって重要な方位。汚れていると病気やケガが多くなり、きれいに使えば大きなチャンスを獲得できます。内装、インテリアは白をベースにし、整理整頓を心がけて。

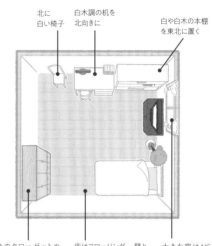

北に白い椅子

白木調の机を北向きに

白や白木の本棚を東北に置く

大きめのクローゼットやチェストを使い、室内はすっきりと

床はフローリング、壁と天井は白かストライプのクロス。天井は吸音性のある不燃材

大きな窓は NG。カーテンは生なりがよいが、窓が大きい場合はチェックに

家の **東南** にある 子ども部屋

女の子に最適。交際運が高まり、いい友達に恵まれる

風水には「娘は東南の風に当てろ」という言葉があります。これは「東南から良縁がやってくる」と考えるため。女の子の部屋はぜひ東南にして、内装にグリーンやアイボリー、オレンジ色を使い、さわやかにまとめましょう。

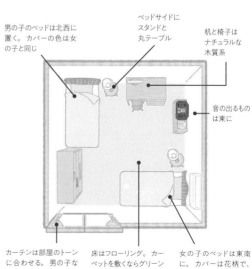

男の子のベッドは北西に置く。カバーの色は女の子と同じ

ベッドサイドにスタンドと丸テーブル

机と椅子はナチュラルな木質系

音の出るものは東に

カーテンは部屋のトーンに合わせる。男の子ならストライプ、女の子は花柄でやや派手でもOK

床はフローリング。カーペットを敷くならグリーン系かアイボリー

女の子のベッドは東南に。カバーは花柄で、グリーン、アイボリー、ピンク、オレンジ色

子ども部屋 の風水テク

家の **南** にある 子ども部屋

南は芸術的な才能が伸びる方位。
受験シーズンにも重要

南はセンスや美のパワーをもち、芸術の才能を伸ばすのに重要な方位。決断力や直感力にもかかわるため、受験シーズンなど能力を一気に伸ばしたいときにも南の子ども部屋が有利です。大きな窓＋グリーンがポイントに。

机は大きくて濃い色調のものを北向きに。椅子はグリーン系。机の照明は明るく

床は明るいフローリング。カーペットならグリーン系

ベッドカバーも淡いグリーンかベージュに

壁は塗り壁やオイルペイント、天井は吸音性のある素材

大きな窓があるとラッキー。カーテンは淡いグリーンやベージュ、ブルー系

家の **西** にある 子ども部屋

お金に困らない子に
育ち、遊び、会話、
服のセンスも◎

遊びや会話、ファッションセンス、金運に深くかかわる西。ここの子ども部屋を吉相にすれば金銭感覚にすぐれた子になります。床にはダークブラウン、壁や天井にはベージュ、ピンク、黄色を使うのがおすすめ。

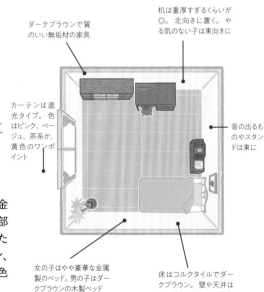

ダークブラウンで質のいい無垢材の家具

机は重厚すぎるくらいが◎。北向きに置く。やる気のない子は東向きに

カーテンは遮光タイプ。色はピンク、ベージュ、茶系か、黄色のワンポイント

音の出るものやスタンドは東に

女の子はやや豪華な金属製のベッド。男の子はダークブラウンの木製ベッド

床はコルクタイルでダークブラウン。壁や天井はベージュ、ピンク、黄色

家の 南西 にある 子ども部屋

女の子にぴったり。大地のパワーでおだやかな子に育つ

南西は大地＝母性をあらわす方位。女の子と相性がよく、まじめでやさしい子になるパワーがあります。鬼門の東北と同様、いつも清潔に。窓はあまり大きくなく、ドアの反対側にあると◎。机は無垢材のものがベスト。

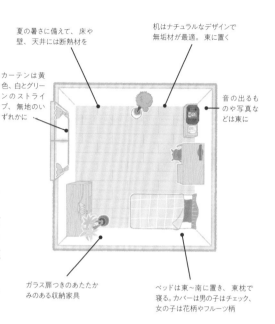

夏の暑さに備えて、床や壁、天井には断熱材を

机はナチュラルなデザインで無垢材が最適。東に置く

カーテンは黄色、白とグリーンのストライプ、無地のいずれかに

音の出るものや写真などは東に

ガラス扉つきのあたたかみのある収納家具

ベッドは東～南に置き、東枕で寝る。カバーは男の子はチェック、女の子は花柄やフルーツ柄

家の 北西 にある 子ども部屋

落ち着きや度胸など大人になるためのパワーが高まる

北西は子どもが成長して、ひとりの大人になるのに必要なパワーをもつ方位。将来、養子を迎えたいひとり娘の部屋にも最適です。机は東に置き、大学生になっても使えるようなデザインがよいでしょう。

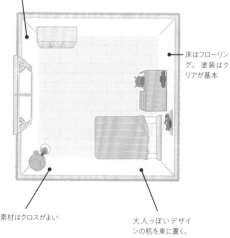

ファブリックは暖色系のチェックかストライプ。女の子はピンク系、男の子はベージュかグリーン系

床はフローリング。塗装はクリアが基本

素材はクロスがよい

大人っぽいデザインの机を東に置く。

和室 の風水テク

家の 北 にある 和室

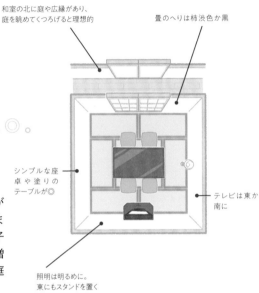

和室の北に庭や広縁があり、庭を眺めてくつろげると理想的

畳のへりは柿渋色か黒

シンプルな座卓や塗りのテーブルが◎

テレビは東か南に

照明は明るめに。東にもスタンドを置く

リビングとして使うと◎。広縁があればさらに運気アップ

北に茶の間風の和室があると、家庭が安定し、財運や愛情運、子宝運に恵まれます。落ち着いた気があるため、子どもがここで勉強すると集中力が増し、成績アップにも効果的。北側に庭や広縁があるとベター。

家の 東 にある 和室

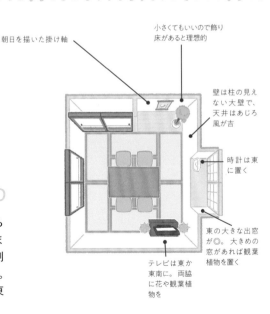

朝日を描いた掛け軸

小さくてもいいので飾り床があると理想的

壁は柱の見えない大壁で、天井はあじろ風が吉

時計は東に置く

東の大きな出窓が◎。大きめの窓があれば観葉植物を置く

テレビは東か東南に。両脇に花や観葉植物を

新しいことを始める人に最適。窓は大きめがGOOD

東に和室があると、新しいことに落ち着いてとり組めます。仕事運にも恵まれ、転職もうまくいくはず。特に東側に大きな出窓があるとラッキーです。窓のそばには観葉植物を1〜3鉢、東には時計を置きましょう。

家の 東北 にある 和室

東北に和室があると 鬼門の凶作用を やわらげられる

東北に和室があると鬼門のダメージがやわらぎ、財産が貯まるパワーもアップ。健康面の心配もなく、よい跡とりに恵まれたり、仕事や不動産関係にもよい縁がついてきます。特に4.5畳や8畳などの正方形の和室がベスト。

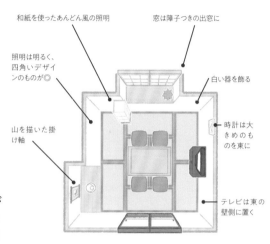

和紙を使ったあんどん風の照明

窓は障子つきの出窓に

照明は明るく、四角いデザインのものが◎

白い器を飾る

山を描いた掛け軸

時計は大きめのものを東に

テレビは東の壁側に置く

家の 東南 にある 和室

木やグリーンを 使ったインテリアで 運気がアップ

東南に和室があると人づきあいがよくなり、信用もアップ。また、この和室を女の子が使うと、良縁に早く恵まれます。もともと木や緑と相性がいい方位なので、インテリアにも自然素材をとり入れましょう。

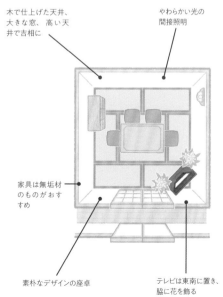

木で仕上げた天井、大きな窓、高い天井で吉相に

やわらかい光の間接照明

家具は無垢材のものがおすすめ

素朴なデザインの座卓

テレビは東南に置き、脇に花を飾る

和室 の風水テク

家の
南 にある
和室

懸賞運や人気運が アップ。和洋折衷に するとラッキー

南に和室があると、懸賞や宝くじなどが当たりやすくなったり、芸術や美術面の才能が開花。人気者になれる運気もあります。壁に純和風の色や素材を使い、天井はクロス張りにするなど和洋折衷の仕上げがおすすめ。

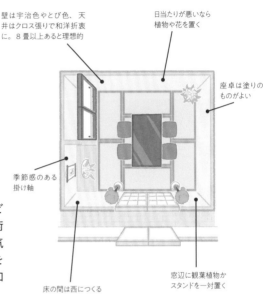

壁は宇治色やとび色、天井はクロス張りで和洋折衷に。8畳以上あると理想的

日当たりが悪いなら植物や花を置く

座卓は塗りのものがよい

季節感のある掛け軸

床の間は西につくる

窓辺に観葉植物かスタンドを一対置く

家の
西 にある
和室

生活が豊かになる 和室。西日は しっかり遮って

家の西にある和室がもたらす幸運は、やはり金運。収入アップや思わぬ臨時収入が期待できます。真西に大きな窓があるなら、ベージュや茶系のカーテンで遮光を。座布団で季節感を出すのもポイントです。

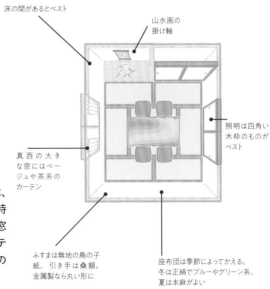

床の間があるとベスト

山水画の掛け軸

照明は四角い木枠のものがベスト

真西の大きな窓にはベージュや茶系のカーテン

ふすまは無地の鳥の子紙、引き手は桑額。金属製なら丸い形に

座布団は季節によってかえる。冬は正絹でブルーやグリーン系、夏は本麻がよい

家の 南西 にある 和室

幸せな家庭を築く 運気に恵まれる。 2間続きならベスト

南西の和室には家庭が安定するパワーがあるため、家族のきずなが深まって楽しいだんらんができるはず。女性が落ち着き、子宝に恵まれる運気も。床の間つきが理想的で、さらに西や北西の和室と2間続きならベスト。

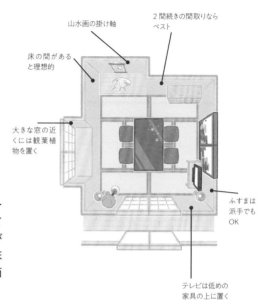

山水画の掛け軸

2間続きの間取りならベスト

床の間があると理想的

大きな窓の近くには観葉植物を置く

ふすまは派手でもOK

テレビは低めの家具の上に置く

家の 北西 にある 和室

男性の運が上昇。 2間続きや 床の間つきが理想的

北西に和室があると、大黒柱である夫のパワーがアップ。事業が好調に進んだり、出世できるパワーを期待できます。2間続きにしたり床の間をつくったりして、格の高いつくりにすると◎。大きな出窓もラッキー。

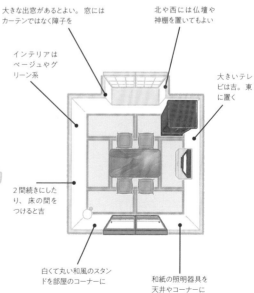

大きな出窓があるとよい。窓にはカーテンではなく障子を

インテリアはベージュやグリーン系

北や西には仏壇や神棚を置いてもよい

大きいテレビは吉。東に置く

2間続きにしたり、床の間をつけると吉

白くて丸い和風のスタンドを部屋のコーナーに

和紙の照明器具を天井やコーナーに

バス・洗面室 の風水テク

家の 北 にある バス・洗面室

暖色系でまとめ、浴槽のお湯は早めに抜くこと

北のバスでは男性の浮気が心配。特に真北にバスタブやシャワー、窓がある場合は要注意です。入浴後はすぐにお湯を抜き、窓を開けて風を通すこと。壁にはデザインタイルなどを使い、暖色をメインにまとめて。

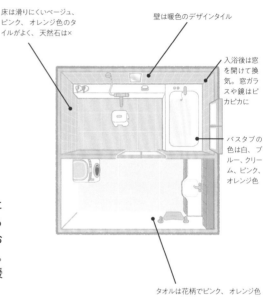

床は滑りにくいベージュ、ピンク、オレンジ色のタイルがよく、天然石は×

壁は暖色のデザインタイル

入浴後は窓を開けて換気。窓ガラスや鏡はピカピカに

バスタブの色は白、ブルー、クリーム、ピンク、オレンジ色

タオルは花柄でピンク、オレンジ色

家の 東 にある バス・洗面室

音楽を聴きながらの入浴が◎。赤や青で華やかに

自由奔放夫婦が多い東の浴室。入浴中にいいアイディアが浮かびやすくなりますが、洗面室の日当たりや風通しが悪いと、計画倒れで失望することも。内装は赤、ブルー、白などで派手めに。音の出るものもラッキーです。

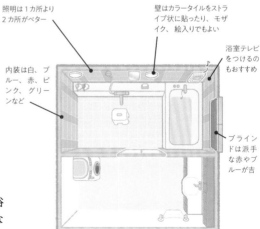

照明は1カ所より2カ所がベター

壁はカラータイルをストライプ状に貼ったり、モザイク、絵入りでもよい

浴室テレビをつけるのもおすすめ

内装は白、ブルー、赤、ピンク、グリーンなど

ブラインドは派手な赤やブルーが吉

家の **東北** にある

バス・洗面室

タイルは 15～20cm角の白

鏡は 30cm以下の小さめのものを

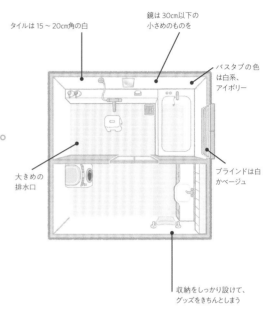

バスタブの色は白系、アイボリー

大きめの排水口

ブラインドは白かベージュ

収納をしっかり設けて、グッズをきちんとしまう

男性の運気に影響大。内装は白でまとめてシンプルに

東北にバスがあると、特に男性が人生の節目に決断を誤ったり、勝負に弱くなる傾向が。防ぐためには内装やリネン類に白かアイボリーを使うこと。いろいろな色を使うと東北の気を乱すので、避けてください。

家の **東南** にある

バス・洗面室

内装は淡くて明るい色。寒色系でもよい

床はタイルや石、中央に木のすのこを敷いてもOK

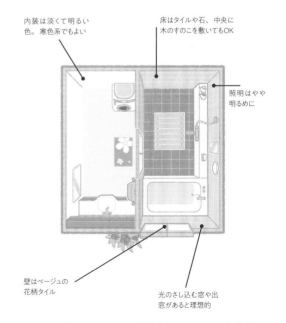

照明はやや明るめに

壁はベージュの花柄タイル

光のさし込む窓や出窓があると理想的

悪いうわさを避けるには換気がマスト。花や香りも◎

東南で注意したいのは換気扇。ここが汚れていると近所から苦情が出たり、悪いうわさの原因に。掃除を徹底し、浴室の外に小さな花や、赤い実のなる植物を植えましょう。においもラッキーなので、香りのいい入浴剤を。

TECHNIQUE

バス・洗面室 の風水テク

トロピカルな内装や ステンレスなど 光る素材が◎

湿気がたまると原因なくイライラしたり、ケンカが増えやすい南のバス。お湯は入浴後すぐに抜いてください。内装は南国のイメージで、心が静まるグリーンやブルーを多めに。ステンレスの蛇口はピカピカに磨きましょう。

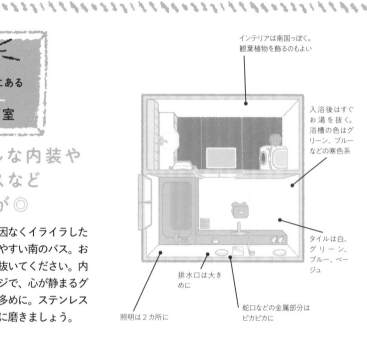

インテリアは南国っぽく。観葉植物を飾るのもよい

入浴後はすぐお湯を抜く。浴槽の色はグリーン、ブルーなどの寒色系

タイルは白、グリーン、ブルー、ベージュ

排水口は大きめに

蛇口などの金属部分はピカピカに

照明は2カ所に

やや派手めにすると GOOD。洗面室の 快適さも大切

西のバスでは女性の浮気が心配。特に西日が強くさし込むと、ますます遊び心がエスカレートします。ピンクのタイルなどで派手めにコーディネートし、洗面室にもこだわると、家庭内で遊び心を発散できるはず。

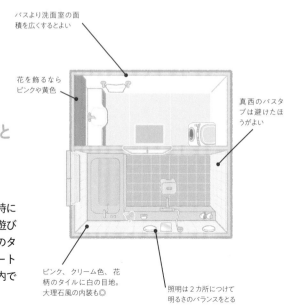

バスより洗面室の面積を広くするとよい

花を飾るならピンクや黄色

真西のバスタブは避けたほうがよい

ピンク、クリーム色、花柄のタイルに白の目地。大理石風の内装も◎

照明は2カ所につけて明るさのバランスをとる

家の
南西 にある
バス・洗面室

明るさと換気が
ポイント。内装には
土っぽい素材を

倦怠期が近づくにつれて、夫婦仲や女性の健康面のトラブルが心配。窓があるなら西日を遮り、しっかり換気することを心がけて。床の仕上げは茶系、黄色、ラベンダー色などのタイルが◎。フルーツ柄もラッキーです。

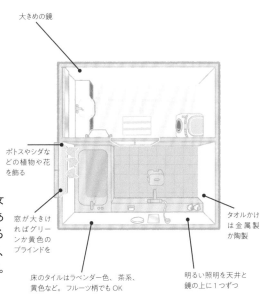

大きめの鏡

ポトスやシダなどの植物や花を飾る

窓が大きければグリーンか黄色のブラインドを

床のタイルはラベンダー色、茶系、黄色など。フルーツ柄でもOK

タオルかけは金属製か陶製

明るい照明を天井と鏡の上に1つずつ

家の
北西 にある
バス・洗面室

木を使った内装や
グリーンのグッズで
ナチュラルに

北西にバスがあると、夫婦が年齢のわりに老けてしまったり、いざというとき夫が弱腰になるおそれが。防止するには、内装に木の雰囲気を生かすのがポイントです。グリーンやベージュ、茶系で統一するのも◎。

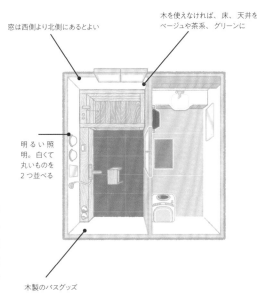

窓は西側より北側にあるとよい

木を使えなければ、床、天井をベージュや茶系、グリーンに

明るい照明。白くて丸いものを2つ並べる

木製のバスグッズ

トイレの風水テク

家の 北 にある トイレ

冷えを防ぐ暖色の内装と、暖房機の設置がおすすめ

北のトイレでは「冷え」が大敵。壁、天井にピンクやオレンジ色などの暖色を使い、あたたかな雰囲気にしてください。暖房機もおすすめですが、直接熱源のある電気ストーブは絶対に避けて温風タイプを選ぶこと。

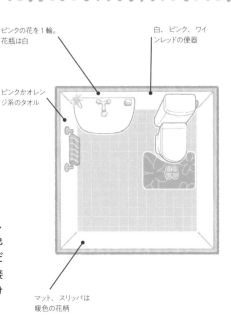

ピンクの花を1輪。花瓶は白

白、ピンク、ワインレッドの便器

ピンクかオレンジ系のタオル

マット、スリッパは暖色の花柄

家の 東 にある トイレ

赤のポイント使いが◎。ごちゃつきを避けてすっきりと

東のトイレでは働きすぎに要注意。グッズや内装に東のラッキーカラーの赤をとり入れれば、健康運がアップします。日当たりがよすぎると張りきりすぎて、かえってストレスに。その場合はブルー系がおすすめ。

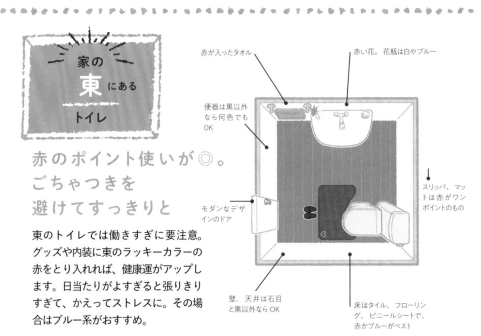

赤が入ったタオル

赤い花。花瓶は白やブルー

便器は黒以外なら何色でもOK

モダンなデザインのドア

スリッパ、マットは赤がワンポイントのもの

壁、天井は石目と黒以外ならOK

床はタイル、フローリング、ビニールシートで、赤かブルーがベスト

家の **東北** にある トイレ

男の子の病気や ケガが心配。盛り塩＋ 白い内装で防いで

骨折や腰痛などのケガや痛みを伴う病気が心配な鬼門のトイレ。特に男の子にそのダメージが出ないよう、内装やグッズは白で統一を。盛り塩も効果的なので、白い小皿に盛って置き、週に一度、新しいものと交換してください。

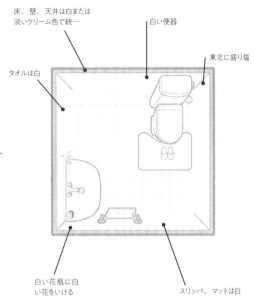

床、壁、天井は白または淡いクリーム色で統一

白い便器

東北に盛り塩

タオルは白

白い花瓶に白い花をいける

スリッパ、マットは白

家の **東南** にある トイレ

花がラッキーアイテム。 香りも活用して 悪臭を防いで

掃除を徹底すれば、病気とあまり縁のない東南のトイレ。内装はナチュラルカラーを基調に、濃い色を使うのは避けましょう。悪臭を嫌う方位なので、香りのいい花を飾り、きつすぎないフレグランスをプラスして。

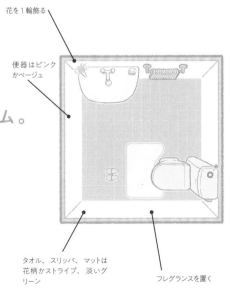

花を1輪飾る

便器はピンクかベージュ

タオル、スリッパ、マットは花柄かストライプ、淡いグリーン

フレグランスを置く

トイレの風水テク

家の**南**にあるトイレ

花や観葉植物、盛り塩に「南に一対」のルールを応用しよう

南に水があると「別離」の作用が働きやすいため、「南に一対」の風水ルールで防ぎましょう。観葉植物や花、盛り塩などは、2つを一対にして飾るのがおすすめです。直射日光が入りすぎないように窓は小さめがベター。

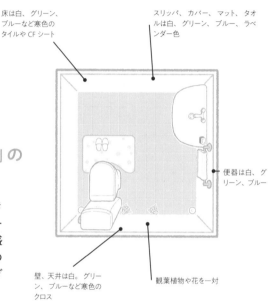

床は白、グリーン、ブルーなど寒色のタイルやCFシート

スリッパ、カバー、マット、タオルは白、グリーン、ブルー、ラベンダー色

便器は白、グリーン、ブルー

壁、天井は白。グリーン、ブルーなど寒色のクロス

観葉植物や花を一対

家の**西**にあるトイレ

金運の悩みを避けるには、広くてゴージャスな雰囲気に

西のトイレでは金銭面のトラブルが心配。防ぐためには、できるだけ豪華に高級志向でまとめること。床は大理石風の白、壁や天井はベージュなどにして、グッズでもゴージャスな雰囲気を演出してください。

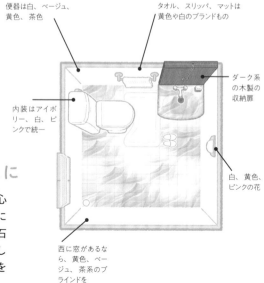

便器は白、ベージュ、黄色、茶色

タオル、スリッパ、マットは黄色や白のブランドもの

ダーク系の木製の収納扉

内装はアイボリー、白、ピンクで統一

白、黄色、ピンクの花

西に窓があるなら、黄色、ベージュ、茶系のブラインドを

家の **南西** にある トイレ

盛り塩と植物を 使って、裏鬼門の ダメージを抑えて

東北（表鬼門）と同じくらいダメージが心配な南西（裏鬼門）のトイレ。白やクリーム色を使い、観葉植物やフルーツの絵、鉢植えの花を飾りましょう。胃腸が弱い人は、グッズに黄色をとり入れて。盛り塩もおすすめ。

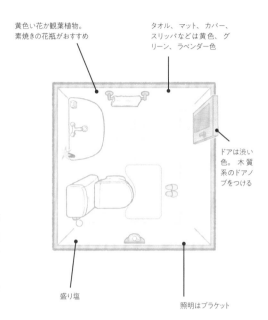

黄色い花か観葉植物。素焼きの花瓶がおすすめ

タオル、マット、カバー、スリッパなどは黄色、グリーン、ラベンダー色

ドアは渋い色。木質系のドアノブをつける

盛り塩

照明はブラケット

家の **北西** にある トイレ

木質系のインテリアで トイレ自慢ができる ほどこだわって

「家じゅうでトイレが一番！」と自慢できるほど豪華にするのが開運のコツ。特に男性の運気ダウンを防げます。壁はグリーン系のタイルやひのきなど、グリーンや木目を生かすと◎。小物を飾って安っぽくするのはNGです。

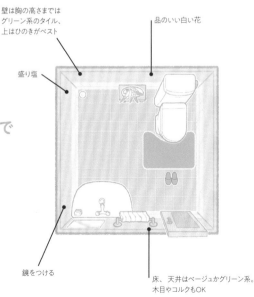

壁は胸の高さまではグリーン系のタイル、上はひのきがベスト

品のいい白い花

盛り塩

鏡をつける

床、天井はベージュかグリーン系。木目やコルクもOK

Dr. コパからあなたへ
開運メッセージ

その
4

効果が出ていない原因は
「厄」かもしれません

　努力の分だけ幸せになれるのが風水。それなのに効果があらわれないときは、厄がじゃまをして幸運が入り込めないのかもしれません。厄とは、知らず知らずついてしまうストレスのようなもの。そこでまずは厄落としを試してみましょう。

　厄落としとは、滞った気を排し、新陳代謝を促すこと。たとえば外気に当たる、窓を開けて光と風を通す、不用品を処分する、人間関係を風通しよくするなど。長時間入浴したりテクテク歩いたりして、汗とともに厄を流してしまう方法もあります。

　もうひとつ考えられる原因は、雑貨や家具などの風水グッズの「疲れ」。改善するには、まず置いてあるグッズをすべてとり払い、その場所とグッズそのものをきれいに掃除してから、もう一度新たな気持ちで置いてみましょう。

　方位が間違っている場合も効果が出ません。南と思っていた方位が南西だったりしませんか？　P.160で方位の調べ方をあらためてチェックし、正確な方位を確かめてください。

PART

6

もっと知りたい
「開運風水」。

8方位を正確に測るには

1 正確な間取り図を用意する

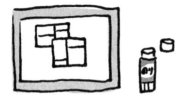

間取り図を用意し、厚紙に貼る。

2 外部ラインに沿って切る

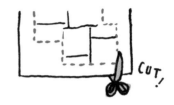

ベランダやポーチ、出窓は切り落とす。

3 各階の中心を調べる

とがったものの先にのせ、つり合うポイントを探す。

4 家の中心に立ち、方位磁石で北を調べる

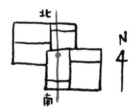

北がわかったら図面に記入し、南北の線を引く。

5 東西の線を引く

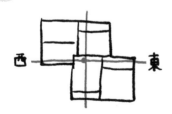

南北の線と直角に交わる線を引く。

6 方位を振り分ける

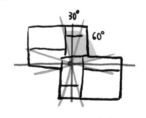

南北と東西の線をはさんで30度ずつの線を引く。

風水を実践する際は、あなたの家の8方位をきちんと測ることが大切。できるだけ正確な家の間取り図を用意し、まず家の中心を調べます。ここではバランスのとれるポイントを探す方法をご紹介しましたが、正方形や長方形なら対角線の交点が中心になります。

家の中心が決まったら、実際そこに立って方位磁石で北を調べ、図面に南北と東西の線を記入します（この線を「正中線」といいます）。正中線をはさんで30度ずつの範囲が東、南、西、北。残りの60度ずつの範囲が東北、東南、南西、北西になります。

運気アップの効果が上がる
ラッキーゾーンを知ろう

幸運パワーの動き

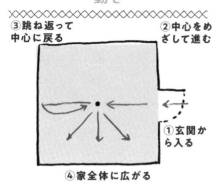

幸運は人と同じように玄関から入り、家の中心をめざす。

玄関が北以外にある家のラッキーゾーン

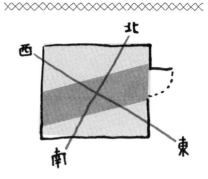

ラッキーゾーンの幅は、玄関ドアのある壁の幅の3分の1。

北玄関の家のラッキーゾーン

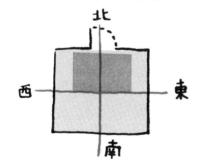

ゾーンの長さは半分に、幅は倍になる。

2階以上のラッキーゾーン

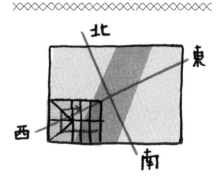

階段の下り口を起点にして同様に調べる。

ラッキーゾーンは幸運パワーの通り道です。幸運は道路から玄関に入り、家の中心に向かって進み、玄関の対角側にある壁にぶつかったら中心まで戻ってきて、最後に家全体に広がります。

この帯状のゾーンはラッキーゾーンと呼ばれ、きれいに保っていれば家全体のパワーがアップ。ラッキーゾーン上でくつろいだり寝たりするのもおすすめです。

ラッキーゾーンの幅は、玄関側の壁の幅の3分の1。ただし北玄関の場合のみ、ゾーンの長さは半分に、幅は倍になります。面積はほかの場合と変わらず、入ってくる幸運の量も同じなので、ご安心を。2階や3階では、階段の下り口を起点にして同様に調べてください。

鬼門の作用とカバー方法を知ろう

鬼門はきれいに保てば問題なし

鬼門（東北、南西）は位の高い神聖な方位。昔の人は「ここをけがしてはいけない」という意味を込めて、あえてこわい名前をつけたのでしょう。特に鬼門に汚れやすい水回りや玄関をつくるのはタブーとされていました。水洗トイレやシステムキッチンが発達した現代では、昔ほど鬼門をおそれる必要はありませんが、「鬼門＝神聖な方位」という法則は変わりません。鬼門には玄関、トイレ、バス、洗面室、キッチンがない間取りのほうがよく、もしある場合は、汚したり散らかしたりするのは厳禁です。

鬼門の範囲

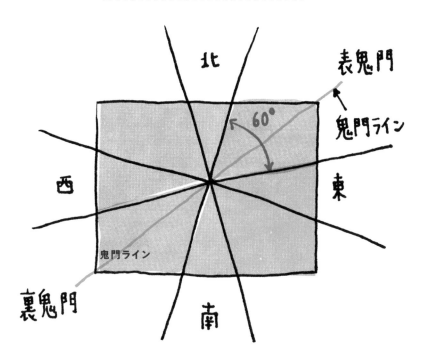

　8方位のうち、東北と南西の60度ずつのエリアが鬼門。東北は「表鬼門」、南西は「裏鬼門」と呼ばれます。
　また東北と南西を結ぶ直線ラインを「鬼門ライン」といい、鬼門の作用が最も強くあらわれるため、浴槽や便器、シンク、レンジなどがないほうがベター。鬼門ラインから15度以上離れていれば問題ありません。

鬼門のダメージを防ぐには

小皿

粗塩＝大さじ1

白、黄色、
ラベンダー色
の生花

週1回のペースで交換する。

水はこまめに交換する。

鬼門の凶作用を防ぐには、盛り塩で清めるのが効果的です。正しいやり方は、小皿に粗塩を盛り、清めたい場所に置くだけ。塩の量は大さじ1が目安です。できるだけ国産の粗塩や天然塩を使い、週1回くらいのペースでとりかえましょう。

ほかにおすすめなのは、白、黄色、ラベンダー色の生花を飾ること。停滞した運気を活性化してくれるパワーがあります。花瓶の水はこまめにとりかえ、枯れたらすぐに片づけて。

鬼門のパワーを味方につけよう

鬼門は吉凶の作用が大きくあらわれる場所。つまり鬼門を整えておくと、家族にこわいほどツキがやってくるのです。その効果は表鬼門と裏鬼門では異なり、特に家族の性格や仕事、不動産運にいい影響をもたらします。

	表鬼門（東北）を整えると…	裏鬼門（南西）を整えると…
家族の性格面	●前向きでしっかりした性格 ●面倒見がよく、トップに立てる ●優秀な跡とりになる	●安定感があり、落ち着いた性格 ●頑張り屋でコツコツ努力する ●周囲から信頼され、愛される
仕事面	●とんとん拍子に出世する ●転職が成功する ●実力が認められて大抜擢される	●地道な努力が認められる ●いつの間にかトップに立っている ●一生ものの運が身につく
金銭面、不動産面	●相続がうまくいく ●いい不動産が手に入る ●出費が多くても収入が増える ●跡とりに恵まれる	●貯蓄上手になる ●ギャンブルで手堅く勝てる ●不動産（特に一戸建て）に不自由しない ●子宝に恵まれる

【 年中行事でさらに開運効果を上げよう 】

家族で楽しみながら運気をアップできる

おうちのパワースポット化とともにぜひ試してほしいのが、風水の年中行事です。四季折々の季節感を満喫しながら、自然界のパワーを吸収できたり、神様やご先祖様からパワーをもらえたりと、いいことずくめ。おいしい風水フードを食べられる行事もあるので、ぜひ家族みんなで楽しみながらツキを上げてください。

お正月

1月

風水のラッキーフードを使ったおせち料理で、年の初めから幸運体質に。黄色い伊達巻きやきんとんは金運、すっぱいなますや赤いえびは仕事運、ごぼうやれんこんなどの根菜は受験運や不動産運アップに効きます。

2月

鬼門（東北）をきれいに掃除して、そこから時計回りに豆まきをすると、鬼門がつかさどる金運や財運がアップ。まき終わって豆を食べるときは、その年の吉方位を向いて。

節分

建国記念日

2月

2月の最初の午の日には、お稲荷様の好きな油揚げを食べるのがおすすめ。金運アップに効く鶏そぼろといり卵を入れたおいなりさんを、俵のように高く積み上げて食べましょう。

初午

この日に神社に参拝すると、家族の不動産運がアップ。マイホームがほしい人は、この日から住宅展示場や不動産屋めぐりをスタートさせると、理想の家にスムーズに出会えます。

2月

6月

6月30日に行われるお清めの行事。大みそかのお祓いと同様に、神社に参拝して半年間の厄を落とします。住まいの大掃除をするのもよく、人間関係のストレスなどを解消する効果が。

夏越の大祓

毎年の
習慣にしたい
行事ばかり

8月

家族みんなでお墓参りをして先祖に感謝し、幸運パワーをもらいましょう。仏花にもよく見られる白、黄色、ラベンダー色の花を供えると、一家の金運を守ってもらえます。

お盆

9月

女性のパワーを高める大切な行事。月が見える南の窓辺に、ぶどうや梨、柿などのフルーツを飾り、すすきの穂か山吹色の花を供えます。白くて丸いおだんごもラッキーフード。

お月見

四季折々の
風情も
実感できる

大掃除

その年に家についた厄を一掃するチャンス。11月に行いましょう。汚れが残ると厄も翌年まで持ち越してしまいます。水回りはもちろん、照明のシェードや飾ったラッキーグッズなどのホコリも忘れずに払いましょう。

11月

STAFF

[カバー・表紙]
デザイン●高橋明香（おかっぱ製作所）
イラスト●鹿又きょうこ（tentento）

[本文]
デザイン●高橋明香（おかっぱ製作所）
イラスト●鹿又きょうこ（tentento）、植草桂子、ナガイ クミコ
校正●荒川照実
取材・文●後藤由里子
編集担当●天野隆志（主婦の友社）

自宅を"開運する家"にする幸せ風水術

「おうちパワースポット」の つくり方

令和3年9月30日　第1刷発行

著　者　小林祥晃
発行者　平野健一
発行所　株式会社主婦の友社
〒141-0021 東京都品川区上大崎3-1-1 目黒セントラルスクエア
電話03-5280-7537（編集）　03-5280-7551（販売）
印刷所　大日本印刷株式会社
©Sachiaki Kobayashi 2021 Printed in Japan
ISBN978-4-07-448947-3

厄を払ってツキを呼ぶ
開運盛り塩カード

どんな住まいでも、東西南北の方位のパワーをバランスよく高めてくれるカードです。家の中心から見てそれぞれの方位に、このカードを貼ってください。盛り塩が厄落とし効果を発揮して、住まいの運気も、住んでいるあなたの運気もアップします。くわしい使い方は裏面をごらんください。

点線に沿って切り取ってお使いください。

使い方とカードの秘密

家の中心から見て東西南北の各方位に、それぞれの「盛り塩カード」を貼ります。家の中心と各方位の調べ方はP.160を参考に。このカードと一緒に、本物の盛り塩を置くと、さらに効果がアップします。盛り塩をする器は、カードの色と同じならベスト。なければ白い小皿でもOKです。粗塩を大さじ1ほどこんもりと盛って供えましょう。

このカードのご利益

西
WEST

秋の風景と黄色の組み合わせで西の運気がアップ。そしてもちろん金運上昇に効果を発揮します。盛り塩を添えれば、厄がついていない清らかなお金があなたのもとに。

このカードのご利益

東
EAST

春の風景と赤の組み合わせで東の運気がアップ。さらに仕事運や健康運も高まります。いい仕事に恵まれたい人や、体調面に不安がある人は、ぜひ本物の盛り塩も添えて。

このカードのご利益

北
NORTH

冬の景色とオレンジ色の組み合わせで北の運気がアップ。さらに子宝運や財運にも効果があります。子どももお金も宝物。宝を手に入れたいなら、このカードに願いを込めて。

このカードのご利益

南
SOUTH

夏の風景とグリーンの組み合わせで南の運気がアップ。さらに才能や美的センス、ひらめき、ダイエットにも効果が。美しくなりたい人、くじに当たりたい人にぴったり。

点線に沿って切り取ってお使いください。